学びの本質を解きほぐす

池田賢市

新泉社

はじめに

「本を読むのは好きなんですけど、国語は苦手で……」という発言を学生から聞いたのはもう30年前になる。そのとき、かなりの違和感を覚えた。そして、その後数年して、「百人一首とか、古典が得意です」と言った学生が第一首の「秋の田の……」を知らなかったことに接したとき、「学校」という制度の恐ろしさを確信した。この場合の「苦手」や「得意」という自己評価は、単にその教科の成績（もっと単純に言えばテストの点数）に依拠しているに過ぎないのに、子どもたちはそのことを深刻に受け止め、劣等感や優越感を強めている。いったい学校は何をやっているのだろうか。

自分は何が好きなのか、苦手なのか、その意識を学校の成績（他者からの評価）が決めている。子どもたちは、たとえば理科のテストの点数が低いのに、理科が好きだとか得意だとは言えない、と思っている。わたしは、地理のテスト（100点満点）で4点を取ったことがあるが、地理は大好きであると当時も言っていたし、今でも言える。たまたまそのときわたしはライン川に興味をもっていたのであり、地理の授業で扱っていたところと違っていただけだ、などといった「言い訳」を、話を面白くしようと思って言うことがあるのだけれど、なかなか真意が通じない。仮に授業でライン川のことが取りあげられていたとしても、自分の興味関心が点数に反映されるとは限らない。テストのために地図上のライン川を眺めていたわけではないのだから、当たり前である。もちろん、この逆の現象も起こる。100点を取っていても好きではない、あるいは苦手であるということもある。対策のあり方によって、点数はいくらでも上下するのだから、興味をもっているかどうかとは関係がない。関係があるとすれば、それは、点数を上げることに興味をもっている場合である。

そもそも「理科」とか「国語」とか「社会」といったように区分され、ネーミングされた枠組みで知識が提示されていること、そしてその観点から自分の関心を見ようとすること自体に疑いをもたなくてはならない。世の中のさまざまな現象は、学校の教科の線引き通りに生起しているわけではない。いわば領域横断が当たり前である。

本書では、学ぶことは権利であると繰り返し述べていくことになる。何をどう学ぶかは本人の自由であるということもしつこく登場する。とはいっても、果たしてこのように述べることが実際にどれほどの意味をもつのかと疑問に思う人は多いだろう。それもよく理解できる。学ばざるを得ないものとして学校はさまざまな知識を子どもたちに提示し続けているのだから。それらを点数に反映させるようにうまく習得しなければ、もう少し勉強してみたいと思っても進学の機会を奪われ、将来の職業にも影響する。だから、学校での成績を向上させることが権利保障なのだという発想が出てくる。しかし、これがおかしな構造であることを本書ではつねに述べていくことになる。そして、ゆっくりと安心して学べるような「学びのイメージ」をつくっていきたいと思っている。より正確には、人の行為に対して、学んでいるとかいないとか、そういう判断をしようとする「まなざし」にさらされずに過ごせる環境を考えていきたい。

なお、本書は、大学で教育学を学ぼうとしている人に（いま学んでいる人、そして教職に就いている人にも）読んでもらえることを意識して書いている。といっても、通常のテキストのような書き方をしているわけではない。記述の随所に基本的な法令や用語などを取りあげ、また、注の中で議論の広がりなども指摘した。しかし、全体を通して読者にお願いしたいと思っていることは、学校教育をはじめとした教育経験（教育を受けてきたという経験とともに、教育をしてきた経験も含めて）を「冷静に」（ある場合には「仮定の話として」）振り返ってほしいということである。わたし自身も、自分の経験を思い出しながら書いている。そして、そこではいったい何が行われてきたのかをともに眺めてみたいのである。これは、実は「つらい」作業でもあるのだが、それだからこそ、これまでとは違った学びのイメージが発見できるのではないかと考えている（最初に「終章」を読んで、そのイメージをつかんでしまってもよいかもしれない）。

学びの本質を解きほぐす　目次

第2章「学力」 57

3 教育を通した「成功物語」 83

4 学力は個人のものなのか 98

第3章 「障害」

115

第4章「道徳」

157

ブックデザイン　守先　正
イラストレーション　大高郁子

序章

いま多くの人が「学校」に問題や疑問を感じている。

たとえば、不登校。[1]「問題」だといわれて久しいが、いっこうに減少しない。それどころか増えている。子どもだって休みたいときもある、そのことをもう少し寛容に受け止めてもらえれば多くの子どもは救われるのではないか、そう考える人たちも増えてきている。大人に有給休暇があるのと同じように、子どもにだって休む権利が認められてよいのではないか、と考えることにも一定の説得力があるかにみえる。そして、2016年、「義務教育の段階における普通教育に相当する教育の機会の確保等に関する法律（略称：教育機会確保法）」が制定され、学校外での学びも義務教育の範囲内に含めていくような体制がとられることになった。

不登校の要因として「いじめ」が指摘されることがある。[2] そして、それを認めたがらない学校の姿はマスコミ等でも報道され、教育委員会のあり方も含めて問題になった。教育委員会は、その趣旨からみても、一般行政とは独立して教育についての行政を担うことが求められてきた。しかし、いじめ問題をはじめとしたさまざまな教育課題への速やかな対応という観点から、2

1 かつては「登校拒否」と表現されていた。子どもから学校に突きつけられた強い意志を示すこの表現のほうが適切な場合もあるだろう。ただし、積極的に「拒否」しているわけではないというケースも考えれば、「不登校」という「現象」のみを表現しようとする言葉も必要となる。本稿では、「拒否」という意志表示を大切にしながらも、近年の用語法を踏まえ「不登校」と表現していくこととする。

2 いじめ防止対策推進法（第2条）によれば、「いじめ」は次のように定義されている。「児童等に対して、当該児童等が在籍する学校に在籍している等当該児童等と一定の人的関係にある他の児童等が行う心理的又は物理的な影響を与える行為（インターネットを通じて行われるものを含む。）であって、当該行為の対象となった児童等が心身の苦痛を感じているものをいう。」

014年の「地方教育行政の組織及び運営に関する法律（略称：地教行法）」の一部改正によって、教育長の権限強化とともに教育行政への首長の強い関与が規定されることとなった。

いじめや青少年犯罪の解決の方法のひとつとして道徳教育の充実を言う大人たちは多い。しかし、「いじめはいけません」といくら大人たちが言ったところで、おそらく子どもは全員そのことはわかっている。それでもいじめがなくならないとすれば、わたしたちは何に着目すべきなのか。さまざまな議論のある中、2015年、学校教育法施行規則の一部改正および学習指導要領の一部改訂によって、2018年度より小学校で、そして2019年度より中学校で「特別の教科　道徳」が実施されることになった。「道徳」が教科として教えられるようになったわけである。

いじめや不登校の背景には、受験競争の激しさがあるとの指摘もある。学校でよい成績をとって、入試難易度の高い学校に進学しなければ将来の生活が安定しないと思われているのだから、保護者も子どもも必死にその競争に乗っていくしかない。受験のためばかりではなく、そもそも学力の向上は学校にとって大きな課題とされている。そこで、2007年から「全国学力・学習状況調査（いわゆる全国一斉学力テスト）」が実施されるようになった。[3] 根拠法は、地教行法の第54条だとされている。[4] 教育条件整備のためには的確な調査に基づいた資料が不可欠だという観点からである。

3
当初、愛知県犬山市のみ不参加であった。その経緯については、犬山市教育委員会編『全国学力テスト、参加しません。』（明石書店、2007年）を参照。

4
地教行法第54条：（第1項）教育行政機関は、的確な調査、統計その他の資料に基いて、その所掌する事務の適切かつ合理的な処理に努めなければならない。（第2項）文部科学大臣は地方公共団体の長又は教育委員会に対し、都道府県委員会は市町村長又は市町村委員会に対し、それぞれ都道府県又は市町村の区域内の教育に関する事務に関し、必要な調査、統計その他の資料又は報告の提出を求めることができる。

「学力」問題からはさまざまな議論が派生しうるが、「障害児」をめぐる問題はそのうちの大きな柱となるだろう。[5]２００６年の教育基本法の全面改正およびそれに伴う学校教育法改正によって「特別支援教育」がスタートした。年々、特別支援学校・学級は増加し、子どもたちそれぞれに合った支援がなされるようになったとされている。最近は、「発達障害」の子どもたちが増えているとも言われ、普通学級ではない場所での指導が必要だという認識がますます正当性を得ているような現状となっている。２０２１年2月、文部科学省は「新しい時代の特別支援教育の在り方に関する有識者会議報告」を公表し、障害児を分けていく制度の固定化（特別支援学校設置基準の策定の検討）を進めていこうとしている。[6]日本国憲法の第26条に規定されている教育を受ける権利は、どのように保障されるべきなのか。特別支援教育制度にみられるように、別の場所を用意することは、その方法のひとつなのか。日本国内では、議論は大きく分かれているものの、国際条約のレベルでは、障害を理由に学ぶ場所を分けることは差別であるとされている。

障害者基本法の第16条によれば、「可能な限り障害者である児童及び生徒が障害者でない児童及び生徒と共に教育を受けられるように配慮」すべしとされていながらも、障害を理由に高校への入学が拒否される事例も各地で起こっている。つまり、そもそも学校に入学させないという事態が発生しているのである。その一方で、２０１６年には、「障害を理由とする差別の解消の推進に関する法律」が施行されている。

5 「障害」という表記に関しては、今日、「障がい」あるいは「しょうがい」とする傾向もある。しかし、平仮名にしたところで「障害」をめぐるさまざまな課題に対しては何の解決ももたらさないばかりか、第3章で述べるように、「障害の社会モデル」の考え方にも反することになると考え、本書では「障害」と表記することとする。

6 一木玲子「文科省が今後も障害児権利条約を否定すると宣言した！」（共生共有をめざすやんか』滋賀連絡会『いっしょでええやんか』２１０号、２０２１年2月、3頁）を参照。

学校での経験として多くの人々の印象に残っているものに、「校則」がある。その厳しい内容がマスコミ等で話題となる一方で、2018年には、高級ブランド「アルマーニ」の制服（標準服）を東京・銀座にある公立小学校が導入するというニュースも人々の注目を集めた。そこでは、値段の高さが話題の中心となり、購入できない家庭があるのではないか、着てこない子どもがいじめられるのではないか、などといった心配が語られた。そもそも「制服」とは何のためにあるのか、そのあたりの議論にはあまり関心が寄せられなかった。それでも、いわゆる「ブラック校則」に対しては、2019年に文科大臣も、保護者や子どもたちの意見も聞き取った上で随時の見直しなどの必要性を認めている。ただ、下着の色まで校則として規定するといった例があるように、想像を超えた人権侵害が明らかになってきてもいる。

このようにいくつか列挙してみると、それぞれの問題状況に対しては、なんらかの公的・法的対応がなされていることに気づく。しかし、問題はいっこうに解決していない。むしろ、ひどくなってさえいる。ということは、対応の方向性が間違っているのだろう。

そこで、何がどう間違っているのかを考えていかなくてはならない。本書は、次の5つのキーワードで、今日の教育（とくに学校）の問題を整理し、人間が「学んでいく」ということについて考えてみたい。

まず、「不登校」のとらえ方について考えたい。そこでは、義務教育制度の意義はどこにあるのか、そのことと連動して問題を把握していくことになる。次に「学力」および「障害」に関してどう考えていけばよいのか。入試制度の問題はもちろんのこと、国連の障害者権利条約に基づくインクルージョンの理念に照らした現状批判もしなくてはならないだろう。そして、「道徳」教育や「校則」に象徴されるように、学校が子どもたちに求める一定の規律についても、近代社会における学校文化のあり方としてとらえ直す必要があるだろう。

この「不登校」「学力」「障害」「道徳」「校則」の5つを議論の核として、みんなが安心して過ごせる、そして学べる（学校）教育の姿（学びのイメージ）を求めてみたい。そのためには、いま、わたしたちが描いている学校や教育のイメージをガラッと変える必要があるかもしれない。そのための「スイッチ」がどこかにあるのではないか。一見すると大きなこととは感じられないような何かがカギを握っているのかもしれない。あるいは、すでにそのスイッチは押されているのではないか。ただ、わたしたちがそれに気づいていないだけなのではないか。

教育をとりまくさまざまな問題は一層深刻化し、多くの子どもや教職員が苦しめられている。にもかかわらず、自己責任論や競争的環境がはっきりと否定されないままになっているのは、なぜなのか。子どもの自死の問題はマスコミでも多く取りあげられ、教員においても自死や精神疾患による休職者数の増加などにみるように、いま学校は、学びの権利保障などとは正反対の過酷な状況に陥っている。

しかし、受験競争や学力向上施策には問題が多いことは理解しても、だからといって、入試をやめるとか、テストの点数にこだわることをやめるといった方向には向かわない。また、

「障害児」教育に関するインクルーシブの原則が重要なものであることは理解しても、だからといって、障害の有無にかかわらずどの子も同じ学級で過ごすといったことを実現しようとすると、突然（と言ってもいいほど）、反対の声が聞こえてくる。

過酷な競争の中で勝っても負けても傷つくような環境は誰も望まないはずだが、自分だけは努力が報われて「勝つ」と思っている。少なくとも、そのような物語を信じて、人々は誘惑に負けず日々精進すること自体に大きな価値を見出している。なぜ、そこまでして、「おかしい」とわかっていながら突き進むのか。それに反抗してみたところで現実対応として仕方のないこと、とあきらめているのかもしれない。あるいは「おかしい」とは思っていないのかもしれない。もしそうだとすれば、事態はかなり深刻である。

第1章

「不登校」

1　義務教育制度の意義

(1) 増加傾向にある「不登校」

内閣府の『子供・若者白書』によると、2012年度段階で、小学生2万1000人余り、中学生9万1000人余り、合計で11万~12万人の子どもたちが「不登校」とされていた。2018年度の文部科学省初等中等教育局児童生徒課による「児童生徒の問題行動・不登校等生徒指導上の諸課題に関する調査結果について」によれば、その数は、小・中学校合わせて16万4000人余り、同調査の2020年度版によれば18万1000人余りと、ほんの数年のうちに大きく増加している。

かつては「不登校」とは言わずに「学校嫌い」や「登校拒否」といった言葉で呼ばれていたこの現象を文部科学省（旧文部省）が問題にし、その統計を取り始めてから約50年。注目したいのは、「不登校はどの子にも起こり得る」のだという認識が示され、本格的に対策を取り始めた1990年ごろから、不登校の子どもの数は急速に増え始め、90年代後半には小・中学校の合計で10万人を超えた。[1] そして2000年代に入ってからは12万人程度で高止まりしている状態であったが、ここ数年で再び増加傾向を見せている。学年では、中学2~3年生が多いとされている。問題として認識されて50年も経つのに、まったく解消の傾向さえ見られないのはなぜなのか。そのヒントは、先に見た文科省の調査報告書のタイトルに隠されている。それは、

1　数値が増えたことについては、しっかりと調査したからこそ、実態が明らかになったのであって、教育政策への否定的評価の根拠にはならないとの見解もありうる。しかし、このことは、真剣に実態調査をしていながら、なぜ今日まで増え続けているのか、そのことへの回答にはならないだろう。調査をすればするほど増えていくのでは、何の解決もなされていない証拠にしかならない。

不登校等を「生徒指導上の諸課題」と位置づけている点にある。2016年9月に「不登校児童生徒への支援の在り方について」という文科省の通知が出されており、そこでは、不登校を「問題行動」と判断してはならないとされていた。「不登校児童生徒が悪いという根強い偏見を払拭し、学校・家庭・社会が不登校児童生徒に寄り添い共感的理解と受容の姿勢を持つこと」が大切である、と。「共感」や「受容」の具体はよくわからないが、子ども自身のせいではないということを含意しているのだろうと解釈したいところなのだが、後述するように、不登校という現象を子ども自身の問題としてとらえる見方はずっと維持されている。この発想である限り、不登校の数値は減少していかないだろう。

そもそも「不登校」は、なぜ問題なのだろうか。この問いはナンセンスかもしれない。すでに、その「問題」を「不登校」とネーミングした時点で、何が問題かが明示されているのだから。つまり、「学校に行かない（来ない）」ことを問題としているのである。では、「学校に行かない（来ない）」ことが、なぜ問題なのか。「不登校」問題を考えるためには、まずこの点をはっきりさせておく必要がある。

そのために、ここでしばらく、やや遠回りにはなるけれども、義務教育制度について確認する作業をしておきたい。そのことで「不登校」の問題とそこから何を考えなければいけないかが、よりはっきりしてくる。

(2) 義務教育制度の原則

日本国憲法第26条は、教育を受けることの権利（その権利に年齢制限はない）を規定している。それを受けて学校教育法第17条では、保護者に対してその子どもが6歳になったら小学校等[2]に就学させることを義務として課している（＝就学義務）。

しかし、子ども自身に対して学校に通うようにとの義務づけはしていない。つまり、義務教育の「義務」とは、第一に保護者に対する義務だということになる。なお、小学校等を12歳までに終わらないときは15歳まで延長しうることも書かれている。もちろん、小学校を卒業したら、次の学年からすぐに中学校に入学することになる。実際の条文は次の通りである。

［学校教育法　第17条］

保護者は、子の満六歳に達した日の翌日以後における最初の学年の初めから、満十二歳に達した日の属する学年の終わりまで、これを小学校、義務教育学校の前期課程又は特別支援学校の小学部に就学させる義務を負う。ただし、子が、満十二歳に達した日の属する学年の終わりまでに小学校の課程、義務教育学校の前期課程又は特別支援学校の小学部の課程を修了しないときは、満十五歳に達した日の属する学年の終わり（それまでの間においてこれらの課程を修了したときは、その修了した日の属する学年の終わり）までとする。

2　保護者は、子が小学校の課程、義務教育学校の前期課程又は特別支援学校の小学部の課程を修了した日の翌日以後における最初の学年の初めから、満十五歳に達した日の属す

2　「小学校等」と表現したが、実際の条文では「小学校、義務教育学校の前期課程又は特別支援学校の小学部に就学させる義務を負う」となっている。ここで問題になるのは、憲法では、保護者がその保護している子どもに「普通教育を受けさせる義務」を課しているが、特別支援学校においては、法律により「幼稚園、小学校、中学校又は高等学校に準ずる教育を施す」（学校教育法第72条）と規定されており、普通教育を施すことを目的としていないという点である。このことに関しては、「障害」問題に着目する第3章であらためて指摘したい。

る学年の終わりまで、これを中学校、義務教育学校の後期課程、中等教育学校の前期課程又は特別支援学校の中学部に就学させる義務を負う。
3　前二項の義務の履行の督促その他これらの義務の履行に関し必要な事項は、政令で定める。

義務教育制度の意義を確かめる上で重要なのは、この条文で「年齢」が重視されていることである。つまり、小・中学校での教育内容を習得し卒業することをもってではなく、15歳（になる日の属する学年の終わり、つまり3月末日）をもって義務教育は終了する、としている点である。これを義務教育制度の「年齢主義」といい、現在、日本ばかりではなく、国際的にも多くの場合、義務教育制度はこの発想に基づいて法制化されている。

年齢によって義務教育の期間（日本の場合は6〜15歳）を定めているのであるから、仮に15歳になったときに中学2年生であったとしても（病気や長期の外国での滞在などさまざまな理由で一般的に考えられている学年と年齢との一致からズレることはありえる）、その学年の終わりで義務教育は終了する。このように表現すると、その子は中学校を中退しなければならないのかと思われてしまうかもしれない。しかし、義務は「就学義務」として保護者に課されているのだから、終了するのは保護者の義務である。[3] 教育への権利に年齢制限のないことは憲法（第26条）で確認されているのだから、その子は中学校で学び続けることができる。現実的ではないが、もちろん中退してもかまわない（現実的には「かまわない」という表現はふさわし

3
義務教育制度を成立させるための「義務」には4種類あるとされている。まず、ここで説明してきた保護者に課せられる「就学義務」である。しかし、それだけでは制度は機能しない。自宅の近くに小学校・中学校がなくては通えない。そこで、原則として市町村に「学校設置義務」が課せられる。また、制度を実効的なものにするためには、子どもを就学させるための経済的負担も軽減されなくてはならない。市町村には「就学援助義務」も課せられることになる。そして、本文で後述するように、企業等が子どもを雇用しないようにする必要もある。それが「避止義務」といわれるものである。

くない。この点に関しては、後述の議論の中で明らかにしたい)。

法律には、保護者に対して、その子どもを小学校に就学させせよ、卒業後は中学校に就学させよ(15歳まで)とは書いてあるが、卒業させよとは書いていない。憲法にある通り、教育を受けることが権利である限り、知識内容の習得を義務づけることはできない。[4]

(3) 労働法制との関連

のちに「学力」の章で検討するように、義務教育段階の学校で学ぶ内容が社会生活をしていく上で不可欠のものなのだとすれば、当然、卒業試験など、知識の習得状況についての一定のハードルを設けて、それを満たさなければ義務教育は終了しないという制度にしておかなくてはならない。しかしながら、実際には、年齢主義であり、習得内容の程度を制度上の問題にはしていない。では、そもそも義務教育制度の必要性はどこにあるのか。しかも、教育を受けることが権利であり、その権利に年齢制限はないというのなら、なぜ、わざわざ6~15歳というように一定の期間(年齢)を限定する必要があるのか。

その理由は、ごく簡単に言えば、「年齢主義」の発想の源流が、産業革命を背景としたイギリスの工場法にあるから、ということになる。

年齢主義の義務教育制度は、教育とは一見すると関係のないような「工場法」という法律において、子どもたちを一定の年齢になるまでは働かせない(あるいは何らかの制限を設ける)という規定が設けられたことによっている。たとえば9歳までは労働者として雇用されない、

4 教育内容を習得させることを目的とした義務教育制度は、「課程主義」といわれる。絶対王政時代のプロイセンで制度化(1763年)されたものといわれており、あらかじめ決められた内容の習得を義務として課す制度(支配イデオロギーの注入が目的)であった。今日では、その要素を残している場合はあっても、制度の根幹をなす原理とはなっていない。

あるいは1日の労働時間を制限するといったように、一定の期間や労働時間等を設定することで労働から子どもたちを保護しようとしたのである。つまり、保護者がその子どもを都市で発達した各種の工場等で働かせてしまうこと、今日的な言い方をすれば、いわば経済的な搾取から子どもたちを救うというねらいがあったわけである。そして、働いてはいけないとされた期間を学校に通わせるという発想である。ここから、年齢主義の義務教育制度が展開してくることになる。[5]

したがって、義務教育制度は労働法制とセットとなる。日本では、15歳までは労働者として雇用されてはならないのであり、その確実な実行を裏付けるものとして就学義務が機能しているという構造になっている。労働基準法では次のように規定され、日本国憲法もその第27条で子どもの酷使を禁止している。

［労働基準法　第56条（第1項）］
使用者は、児童が満十五歳に達した日以後の最初の三月三十一日が終了するまで、これを使用してはならない。

つまり、義務教育制度にとって大切なことは、子どもたちは（15歳までは）「働いてはいけない」ということなのである。保護者に対する就学義務は、親が子どもを働かせないようにするためだと考えたほうがわかりやすい。現在の社会状況から言えば、この義務を親に課さなけ

5　ロバート・オウエン（1771～1858年）は、イギリス産業革命期の大資本家（紡績業）であったが、労働運動にも積極的に取り組んだ。彼のニューラナークの工場（スコットランドにあり、世界遺産となっている）では、労働者の生活環境の改良に努め、子どもたちの長時間労働も解決すべきと考えた。とくに幼児教育に対する関心は強く、労働者たちの子どもを「村の価値ある成員たらしめる（中略）目的のために、新学院と呼ばれる建物を工場敷地の中心に建て、その前に広場を設けて、村人の子供が自由に一人歩きできるようになると、この運動場に入れ、児童取り扱いの心得ある人びとに監督させた」（白井厚『オウエン』［世界思想家全書］牧書店、1965年、53頁）。老後を快適に過ごせる施設の建設も考えられており、オウエンは「この設備なくしては、全施設は不完全に終るであろう」と述べている（ロバアト・オウエン／楊井克巳訳『新社会観』岩波文庫、1954年、97頁）。

れば、子どもが過酷な労働環境に投げ出されてしまうというようなことは（貧困・格差の中で今日でも児童労働は大きな問題なのだが）一般的には考えられないかもしれない。それでも、やはりこの規定には意味がある。なぜなら、この年齢主義と就学義務によって、少なくとも教育を受ける時間と場所が確保されるからである。現実的にそこで何を学ぶかは、子どもの権利行使の問題であり、強制されるような性質のものではないことには留意する必要があるが。

なお、すでに述べたが、教育を受ける権利に年齢制限はないので、何歳になってもその権利行使は保障されなくてはならない。また、教育を受けるということの具体的な場所を学校に絞ったとしても、義務教育段階のみではなく、当然、高校・大学までも含めて、権利が保障されている必要がある。ただし、この点については、現実的には、入試制度をどのような性質のものとして位置づけるかという問題と関連してくる。なぜなら、学ぶことへのアクセスが権利として保障されなくてはならないのだとすれば、入試によってある一定の者に不合格を出すことをどう説明するか、という問題が起こるからである。次章でこの点に関する課題整理をしていきたい[6]。

(4) 国家的観点からの教育

このように個人の立場から学びがどう保障されるかという観点から制度を批判的に検討していくことが必要であるとしても、教育制度は教育政策として法令に基づいてつくられているという部分に着目すれば、そこには、政治的意図が入り込んでいることになる。義務教育制度が

6 学校の受け入れ人数(定員)には限界があるので、希望者を全員受け入れることができないのだとすれば、何らかの方法で選抜せざるを得ない。したがって、入試がそのまま学習への権利侵害となるとは言えない、との説明はありうる。しかし、とくに多くの者が進学し、かつ、就職の際に必要な学歴としても求められることの多い高校に関して、受験者数が定員を下回っていたとしても不合格者が出ている現状がある。このことは、どのように説明できるのか。これは障害者の進学をどのように保障するかという点と大きく関連してくる。つまり、受験者数が定員内であったとしても障害者が不合格となるケースが多いのである。この状況は、教育を受ける権利保障として問題視していかなくてはならない。

「年齢主義」によって成立していることは確認したが、そのことから自動的に教育についての個人的観点からの「権利」が発生してくるわけではない。学校が結果として教育を受ける権利保障の機関になっているとしても、「権利」を保障するために「学校制度」がつくられたと考えるのは単純化しすぎである。

教育と権利ということを考えようとした場合、むしろ、民法第820条にある「親権を行う者は、子の利益のために子の監護及び教育をする権利を有し、義務を負う」との規定と関連させながら検討したほうがよいかもしれない。

この規定からわかることは、保護者が自分の子どもを教育することと、国家が制度をつくって行おうとしている教育とはイコールではない、ということである。なぜなら、保護者の「教育をする権利」を規定していることと、学校教育法によって就学義務が課せられていることとは別事象であると考えないと矛盾してしまうからである。言い方を換えれば、保護者にとって子どもを教育することが時間的にも内容的にも実質的にはむずかしいから、国家に対して公的にそれを保障してほしいと委託した形で教育制度ができているとは考えられない、ということになる。教育をするということが、学校のカリキュラムのような形での教育の実施を指すのなら、確かに家庭では無理かもしれない。しかし、教育と学校教育とはイコールではない。社会教育[7]の存在を考えただけでもそれはすぐにわかるだろうし、仮に教育とは皆が経験しているような学校での学習のことだとすれば、日本国憲法で謳われている教育を受ける権利の実現のために、希望者は全員、高校や大学で学べなくてはならないはずである。

7 社会教育は、「社会教育法」によれば、学校の教育課程として行われる教育活動を除き、主として青少年及び成人に対して行われる組織的な教育活動である。しかし、これは、「生涯学習の振興のための施策の推進体制等の整備に関する法律」で言われている内容とイコールではない。というよりも、この法律には、生涯学習の定義がなされていないため、教育行政の上で両者の混乱を招いている。また、住民自治の軽視や民間事業者の活用なども問題点として指摘できる。

教育を学校教育とイコールにとらえたとすれば、確かにその教育内容の教授を各家庭で実施することは現実的には不可能である。しかし、だから公的制度でそれを確保するという筋立てでは、公教育制度の中に私的なものとしての保護者とその子どもとの関係を取り込んだ説明となってしまう。「公」の中に「私」が含まれるということになる。もしそうだとすれば、家庭教育の自由はどうなってしまうのか。少なくとも「子の利益」をめぐって保護者と学校との間で調整が必要となる。とくに、価値にかかわる教育（宗教も含め）は家庭での責任であり、また自由の領域でもあるとした場合、道徳教育を公教育制度の枠内で扱うこと自体、慎重に議論されなくてはならないということになる（この点については第4章で言及したい）。

さらに、「我が家では自宅で学校のカリキュラムと同様の教育を保証します」と言われた場合にどう対応すればよいだろうか。国への委託を拒否することは認めないとするしかない。この場合、親権を行う者が子どもに対して行使する権利を国が代行できる根拠を明らかにしておかなくてはならない。もちろん、すべての保護者が同様の教育内容を期待しているとは考えにくいので、その点からも国への委託を具体的に理解することはむずかしい。つまり、制度として具体化している教育は、個人的観点からのそれとは異なっているととらえない限り、説明が混乱してしまう。

宗像誠也《むなかたせいや》によれば、「教育政策とは、権力によって支持された教育理念である」（『教育行政学序説』有斐閣、1954年、1頁）とされる。これに従えば、権利保障としての教育の課題も国家的な観点からの教育政策としてその実現が図られるということになる。しかし、同時に

「現実の教育政策は、必ずしもつねに国民全体の福祉のためにあるのではなく、また社会のあらゆる成員の福祉のためにあるのでもない」(『教育と教育政策』岩波新書、1961年、5頁)という宗像のさらなる指摘を思い起こせば、いったい教育政策は何のためにあるのかがあらためて問われなくてはならなくなる。[8]

以上をまとめると、次のようになる。

そもそも義務教育制度は、児童労働からの子どもたちの保護という観点が重要であり、学ぶべき内容があらかじめ設定され、その習得のためにつくられたわけではない。また、教育制度は法律を根拠に成立しているのだから、一定の政治理念を包み込んだものであり、すべての個人の教育への権利を個別的に保障しうるかどうかについては議論の余地がある。

このことを踏まえると、教育制度によって実現する教育内容にも関心を向けざるを得ない。なお、現実的には「学力」保障の問題を避けて学校教育を論じることはむずかしい。この点は、第2章で整理したい。

8 たとえば、教育政策とその実施過程としての教育行政とは異なる教育理念を基盤とした権利保障も構想されなくてはならないだろう。つまり、中央教育行政の観点からではなく、それを相対化しつつ、教育運動からみた教育政策や教育実践のあり方について批判的検討がなされていく必要があるだろう。これについては、本書の参考文献リストにある海老原治善著作集(全8巻)を参照されたい。

2　教育の中立性

(1) 教育内容への関心

義務教育制度が「年齢主義」であるからといって、何を学習するのかという教育内容に関しては無関心であるべし、という結論にはならない。なぜなら、たとえその習得が義務づけられているわけではないとしても、制度は法律によって成立し、その法律は政治的諸関係の中で議論されるものである限り、学校を手段として政治的・宗教的内容等の一方的注入が示される可能性があるからである。

日本の子どもたちは、学力競争という現実を前に、与えられた内容を疑うことなく正しいこととして覚えようとしている。教員の側も、教科書で示されている知識内容をいちいち吟味していくなどという手間のかかることはしない。昨今の多忙化は、確実に教員からそのようなゆとりを奪っている。したがって、教科書に書かれていることは、さまざまな歴史的蓄積のなかから選び出されてきたほんの一部に過ぎないのだから、教科書には採用されなかった事柄との関連において教育内容を検討しよう、などとは考えない。また、森羅万象、多様にある知識・技能の中から、いったい誰がどのようにして一定の知識を切り取り教材化したのか、なども考えない。ましてや、それが本当に真理なのかを批判的に検討するなどというゆとりもない。ただ子どもたちにそれらを能率的に伝えることに必死にならざるを得ない。とりあえず教科書に書かれていることはしっかり身につけなければならないものとして、子どもも教員も「がんばって」しまう。そして、そのことが入試で問われ、それを突破しなければ学ぶ場所へのアクセスが許されないのだからなおさらである。

なお、教員の働き方に関しては、ＯＥＣＤ（経済協力開発機構）により5年ごとに実施されるＴＡＬＩＳ《タリス》（Teaching and Learning International Survey：国際教員指導環境調査）の結果が参考になる。この調査は、教員とその学校の校長を対象にしたアンケートである。[9]２０１８年のＴＡＬＩＳによれば、日本の小中学校の教員は参加国中でもっとも長い労働時間（1週間で小学校54・4時間、中学校56時間であり、平均の38・3時間を大きく上回っている）となっている。なかでも課外活動や事務作業に使われる時間が長く、その一方で、職能開発活動に使った時間は参加国中で最低となっている。

また、教科書については、教科書の発行に関する臨時措置法（第2条）での定義に注目しておく必要がある。そこでは「教科書」とは、「小学校、中学校、義務教育学校、高等学校、中等教育学校及びこれらに準ずる学校において、教育課程の構成に応じて組織排列された教科の主たる教材として、教授の用に供せられる児童又は生徒用図書であつて、文部科学大臣の検定を経たもの又は文部科学省が著作の名義を有するものをいう」とされている。この条文のポイントは、教科書が授業の中で使用される主たる教材であること、[10]そして、教科書が教科書として使用されるためには、検定に合格していなければならない、ということである。さらに、学校教育法（第34条）によって、その使用が義務付けられている点も、教科書問題を議論してい

9 この調査の目的は、生徒の学習に影響する側面を中心に、校長、教員、指導に焦点を当て、教育政策の策定と実施に資する国際比較可能な情報を作成し、教職と効果的な指導・学習に資する政策を進展させること、教員、校長、教育関係者が、自らの指導方法を振り返って議論し、改善策を見つける一助とすることなどとされている。（ＯＥＣＤ日本政府代表部 https://www.oecd.emb-japan.go.jpより）。

10 いわゆる「補助教材」については、教科書の内容理解を促進させるものであれば、積極的に使用してよいことになっている。授業で資料として配布されるものの中には、市販されているさまざまな資料から一部コピーしたものもありえるが、著作権法（第35条）によって、授業で使用する目的なら、著作権の侵害にはならないとされている。

く際には重要な点となる。

だからこそ、示される知識内容は検討すべき重要なテーマとなる。なぜなら、それが、民主的な社会の枠組みを壊すようなものである可能性もあるからである。今日、年齢主義の義務教育制度の枠内において教育内容に関心をもたねばならないのは、このような意味においてである。つまり、教育内容における「偏向」に最大の注意がなされなければならないという意味で、義務教育段階での学びの内容についての議論は成立する、ということである。けっして、知識の習得を強制する意味においてではない。

実際に、日本での教科書検定制度には、その危険性が内包されていることは言うまでもない。1965年、当時の東京教育大学（現在の筑波大学）教授で日本史の教科書執筆者でもあった家永三郎《いえながさぶろう》は、教科書検定がいかに違法なものであるかを問うために、教科書裁判第1次訴訟を起こした。たとえば、家永の書いた教科書には、1964年度の検定ではおよそ300の検定意見がつき、修正が要求されている。教科書調査官とのやり取りなどは、家永の著書『教科書検定』（日本評論社、1965年）に詳しく記されている。家永教科書訴訟は、その後第3次訴訟までを含め、32年間にわたって争われた。不合格となった教科書は、1974年に『検定不合格日本史』として三一書房から一般の書籍として出版された。当時の文部省から一体どんな修正意見が出ていたのか。象徴的なものとして、戦争を暗く書きすぎている、日本に米軍の「基地」はなく「施設・区域」である、といった意見が付されたことなどはよく知られている。

今日、その検定基準において「閣議決定」の内容を重視すべしとの見解が示されていることには問題がある。学問的な根拠があるわけではなく、その時々の政権によって変化しうる「決定」、つまり、政治的に中立でなければならないと要請される公権力自身が解釈したもの（政府の統一的な見解）を教科書に記述しないと検定に合格しないというのは、明らかに教育における政治的中立性に反している。権利保障を中核に据えた義務教育論を展開していく上では、教育における「中立」の問題は大切な議論となる。[11]

(2) 中立性のむずかしさ

たとえば、２０１７年４月、政府および文部科学省は、「教育勅語」を教材として使用しうる見解を表明した。憲法などに抵触しない範囲で扱うことはよいなどと言われたが、そもそも「教育勅語」自体が戦後の衆議院・参議院において失効を確認され、憲法とは両立できないことが示されたのではなかったか。したがって、その内容を今日の社会において活かす形で扱った時点ですでに憲法に抵触してしまうのである。

このような政府の見解に反対する人々から、次のような要望も語られた。つまり、歴史的資料としてなら別であるが、教育勅語の内容について今日でも通じるところがあるという理由で教材化することは、国会を無視し憲法に抵触しているのだということを宣言せよと文科省に迫るものである。

もっともな論調に見えて、この議論には大きな問題がある。なぜなら、教育勅語を教材とし

11
教育基本法第14条は、「良識ある公民として必要な政治的教養は、教育上尊重されなければならない」とした上で、その第2項で、政治的な中立を確保するため、特定の政党を支持する、あるいはこれに反対するための政治教育を国公私立すべての学校において禁止している。また、同法第15条は宗教的中立を規定している。ただし、私学における宗教教育にはこの規定は適用されない。教育課程には「宗教」という科目も設定可能であり、私立学校の場合、道徳教育の代替として位置づけることができる（学校教育法施行規則第50条）。

て使用することの是非を文科省が判断すべきだ、という発想に立っているからである（もちろん内容への肯定的な評価に基づく教育勅語の教材化自体が非難されるべきことは当然である）。つまり、これは、何を教材として使用するかの決定権限が文科省にある、ということを承認する議論に連なっていく。そのこと自体が、教育の中立性を脅かすことになってしまう。

しかし、逆に、文科省が教材も含めて教育内容等について一切かかわってはならないということを中立性の原則だとしてしまうと、その是非は措くとして、少なくとも現行法とは矛盾してくる。なぜなら、教育内容の大綱的基準としての学習指導要領は、文科省の告示文書だからである。かつ、それに従った教科書は、学校教育法第34条の規定にある通り、使用しなければならないとされている。教科書は、主たる教材であり、文部科学大臣の検定を経なければならないのだから、その制度自体がすでに「中立」を侵害しているのではないかとの議論も成り立つことになる。

だとすれば、そもそも教育の中立性をめぐる問題とは、学校現場での教育活動に関する文科省からのいわば介入・不介入といったレベルでの議論だということになる。このように理解してよいのだろうか。学習指導要領の記述内容が細部にわたっている場合、確かに、学校現場の自由裁量の余地はない。２０１７年改訂の学習指導要領は、教育内容ばかりではなく指導方法や評価のあり方についてまでも書き込んでおり、そのことがまさに大きな問題を提起している。

しかし、学習指導要領の総則には、これまで通り、教育課程の編成は子どもや学校、地域の実態等を考慮して、各学校において行われることが確認されている。また、教育行政としては、教育の中立性を確保する責任もあるはずである。教育をめぐる「中立」は、いろいろな観点からみてむずかしい問題を提起している。[12]

(3) 中立ではありえない教育

たとえば、「義務教育諸学校における教育の政治的中立の確保に関する臨時措置法」は、教育を党派的勢力の不当な影響から守るために制定された、としている。しかし、中立的ではないとして公訴するためには、国立・公立大学の附属学校の場合には学長から、公立学校の場合には教育委員会から、私立学校においては都道府県知事からの請求が必要とされている。では、ここに挙げられている人々が「党派的でない」という保証は可能なのか。立憲主義の原則から考えても、「中立」が求められるのはそもそも公権力に対してなのだから、その公権力が教育に関して中立であるかどうかを判断しうるということ自体がナンセンスではないのか。

教育が権利として保障されるべきものであるからには、教育内容に関する中立性の要請は必然である。しかし、このような政治性とは別の次元においても、実は、学校教育において「中立」を語ることはかなりむずかしい。たとえば、歴史認識にかかわる部分での教科書(検定論争のことを考えれば、何をもって「中立」と判断するかのむずかしさは容易に理解できる。また、教科書自体がさまざまな学術的「論争」があるなかで書かれているのだから、一定の立場をとらなければ教科書は執筆できない。

より根本的には、教育は必然的に価値を伴う社会的行為だという点で、「中立」であること

12 教育の中立性をめぐっては、教員の活動が政治的なものであるかどうかといった観点から問題となることが多い。公務員としての教員の政治的行為については、教育公務員特例法(第18条)の規定によって一定の制限がかけられている。しかし、その身分は国家公務員ではないにもかかわらず、同条文では地方公務員法での政治的行為の制限に関する規定ではなく、「国家公務員の例による」と規定されている。このことについては議論の余地があるといえるだろう。また、2015年に公職選挙法等の一部改正により、18歳から選挙権を有するようになり、選挙運動も可能となった。これにより高等学校在籍の生徒の中に選挙運動可能な者がいるということになる。このことは、教育基本法第14条で規定される政治教育の大切さをこれまで以上に学校現場に意識させることになった。これに関連して文科省は「高等学校等における政治的教養の教育と高等学校等の生徒による政治的活動について」という通知を出している。

は「むずかしい」。もし政治や権利を語るときに求められる「中立」が、一定の価値から身を引くことを指すのであれば、教育自体が成り立たなくなる。とくに学校教育で扱われる教育内容は「客観的」なものであり、したがって「中立」であると信じられているかもしれないが、すでに述べたように、人類が積み重ねてきたすべての知識や技能を教育内容として扱うことは不可能なのであるから、そこには何らかの選択行為が介在していることになる。その段階ですでに価値判断が入り込んでいる。

したがって、注意しなければならない点は、「中立性」の議論が、現状に対して何ら問題を指摘しない、無批判な現状維持に着地する結果にならないようにする、ということだろう。権利としての教育は、現状に対して「それはまちがっているのではないか」「別のあり方があるのではないか」といった議論を封じてはならない。パウロ・フレイレ（１９２１～１９９７年）は、中立性というのは「支配者の側に立っていることを白状しないですませる便利ないいぬけ手段」であると述べることで、この点への注意を喚起している（ピーター・メイヨー『グラムシとフレイレ』里見実訳、太郎次郎社エディタス、２０１４年、92～93頁）。

こうして、教育を受けることが権利だからこそ求められる中立性は、各学校での教育課程の編成作業において、現場の実情に即しながら議論を重ねていく中から確立されてくるものだという結論に落ち着く。このことの確認は、先に述べたように、すでに学習指導要領の総則部分の最初の段落でなされている。しかし、学校自身がうまくこのことを意識できない環境に追い込まれていることが懸念される。

3　不登校対策の課題

(1) 不登校問題への対応

少し遠回りをしたけれども、義務教育制度をめぐる問題の概略をみてきたので、それを踏まえて、本章の中心課題である「不登校」問題について考えてみたい。

まず、保護者には子どもを就学させる義務が課されていた。就学とは、学校に入学し（学籍を得て）児童生徒となることであり、保護者には子どもをそのような状態にする義務が課せられている。このことが、実際に子どもを学校に通わせ、そこで教育を受けさせることも含めた義務なのかどうかは見解の分かれるところであろうが、少なくとも、子ども自身には通学の義務は課されていない。権利なのだから当然である。その権利行使が十分にできるように、15歳までは保護者にその権利を守る義務があるということが義務教育制度のポイントということになる。

もちろん、学校の中が、子どもが行きたいのに行けないような学習環境になっているとすれば、権利侵害として大問題である。が、基本的には、学籍を得て、かつ働いていないことが明らかであれば、学校に来ていなくても、そのこと自体が制度上の重大問題となるということはないはずである。実際、不登校対応として2003年5月16日に文部科学省（初等中等教育局長）が出した通知「不登校への対応の在り方について」によれば、不登校はどの子にも起こりうることだとした上で、所在がはっきりしていて、民間施設など学習のために一定の場所に行っていたり、さまざまな相談機関に行ったりと、学習できる環境にあることが確認できれば、学校での出席扱いにするとされていた。しかも、学校外での学習状況を学校での成績に反映させてもよいことになっていた[13]。

しかし、わたしたちの多く（もちろん文部科学省も）は、「学校に行かない（来ない）」ことを「問題」だと認識している。そもそも「不登校」という表現自体が学校で学ぶことを前提としている。教育を受けることを権利として保障したいのであれば、たとえば、それにかかる費用を補助金という形で各人に保障するという方法もあるはずである。そのほうが簡単かもしれないが、実際にはそうではない。

ここから、なぜ、学校でなければならないのか、という疑問が出てくる。これに応えるかのように、すぐ後で検討するが、2016年にひとつの大きな法律が成立した。この法律は、学校以外の場所での学習も公的に認められるべきだという議論と重なる。しかし、「不登校」は、子どもたちがどこで学ぶか（どこで学んでもいい）という場所の問題ではない。そのような議論のすり替えには十分な注意が必要である。権利保障の場として機能するはずの学校になぜ行けなくなるのか、つまり、今の学校のあり方、学校での学びのあり方自体が問われているのであって、どこで学ぶかといった方法や技術、また、その選択権のことを問題としているのではない。

13 すぐ後で検討する「義務教育の段階における普通教育に相当する教育の機会の確保等に関する法律」が2016年12月14日に公布され、これに基づき文部科学省は、2017年3月に教育機会の確保等に関する施策を総合的に推進するための基本的な指針を策定した。その後の2020年10月25日の「不登校児童生徒への支援の在り方について」という通知によって、2003年5月の通知は廃止となった。

(2) 教育機会確保法の発端

2016年12月に成立した「義務教育の段階における普通教育に相当する教育の機会の確保等に関する法律」(略称：教育機会確保法) は、「不登校対策法」と呼ばれることもある。この法律の成立に向けた動きの発端は、2014年6月、超党派の議員連盟の発足から始まる。当初は、「フリースクールなどの学校外の教育機会の公的な位置づけを検討する」ということが目的であった。つまり、不登校の状態にある子どもたちそのものへの対応をどうするかというよりも、正規の学校以外の場所での教育も義務教育制度に組み込んでいくといったイメージで法案がつくられていた。この点において、学校以外の場所での学びも公的に認められるのだから、「多様な学び」が保障され、義務教育制度の歴史において画期的なものとなり、かつ、フリースクールへの財政的支援も充実するに違いないとする期待が一部関係者から寄せられることにもなった。もちろん、法案には、財政面での措置は書かれてはいなかったのだが。

法案は、確かにフリースクール等での学習を義務教育として公認していくと規定していたが、そのためには、教育内容はしっかりと正規の学校でやっていることと同じようなものでなければならないとの条件が付けられ、教育委員会がその点を管理していくとされていた。つまり、「多様な学びの機会を保障する」としながらも、法案の最初の段階から「多様な学び」など想定されていなかったのである。正規の学校と同じようなカリキュラムと教員が用意できる学校以外の施設としては、結果として、大手の学習塾のような、経営的に体力のあるところが担うことになるだろうと予測された。これは、公教育の民営化ということである。小規模フリース

クール、あるいは子どもたちの居場所をつくろうと苦労しているボランティア団体などが用意する「小さな」場所などは、むしろ義務教育の実施機関として認定されなくなるのではないかと懸念された。ただし、あくまでも法案としては、不登校の子どもたち12万人（当時）のうち、フリースクール等の民間の団体・施設に行っている子どもたち約4200人（およそ3・5％）を対象にしたものであった。

ところが、2016年2月になって、この法案の趣旨が大きく変わってしまった。不登校の子どもたち全体を問題とし、かつ、その論理を義務教育段階にあるすべての子どもたちに対して適用し、学校からの排除の可能性をちらつかせながら子どもたちを管理するという法案になってしまった。

(3) 不登校児童生徒の「定義」

では、教育機会確保法にはどんな問題があるのか。そして、それはどのような教育観を反映しているものなのか。

「不登校」という現象を「問題」ととらえる限り、当然、それへの対策は、「登校させること」が前提となる。これまでの不登校対策のなかでは、強引に出席させるようなことはいけないという認識は示されていたものの、学校・家庭・教育委員会などの連携を深めることで、最終的には学校に「復帰」していくことが問題解決の姿であるとの発想があった。子どもたちはこのような強い登校圧力の下で生活することで、学校に行けない自分を責め、保護者は、自分の育て方が悪かったのではないかと、やはり自分を責めてしまう。学校や近所からのそのようなまなざしにさらされている保護者は多いはずである。また、不登校を病気のようにとらえて、治療の対象として実際に薬を処方するといったこともある。つまり、本人の精神的な問題が不登校につながっているのだという理解がここにある。この点が教育機会確保法に鮮明に示されている。

〔教育機会確保法　第2条（第三号）〕
不登校児童生徒　相当の期間学校を欠席する児童生徒であって、学校における集団の生活に関する心理的な負担その他の事由のために就学が困難である状況として文部科学大臣が定める状況にあると認められるものをいう。

この第2条の特徴および問題点は、「不登校」ではなく、「不登校児童生徒」を定義したところにある。不登校という現象を定義するのではなく、不登校児童生徒という人間が法律によって新たに生み出されたわけである。これは、不登校について文部科学省が、「何らかの心理的、情緒的、身体的、あるいは社会的要因・背景により」登校しない状況にあること（児童生徒の問題行動等生徒指導上の諸問題に関する調査より）と定義していたことを反映しているといえよう。つまり、「不登校」とは、ある状態を指す言葉ではなく、そのような状態になった個人の心理的・情緒的要因を問題にする概念なのである。

したがって、この法律によれば、単に長期間学校を休んでいるだけでは「不登校児童生徒」とは言われず、その休んでいる子どものうち「学校における集団の生活に関する心理的な負担その他の事由のために就学困難な状況」にある者が該当することになる。集団生活になじめない心理的問題を抱えた者を問題にしているのである。これは、不登校という現象は、その本人に問題があるという自己責任論（あるいは心理主義的モデル）に基づく把握のしかたである。しかも、そのような状況にあるかどうかは「文部科学大臣が定める」というわけである。

ここでは、なぜ学校に来られなくなってしまったのだろうか、という疑問は封印されている。学校はそのままの形で存在していてよいのであって、そこになじめない子どもに問題があるのだという発想をとっている。「登校拒否児」であった小泉零也は、次のように述べている。

学校というところは社会に適応できる人間を製造している工場のようなものです。今の社会がどれほど荒廃しているか（中略）、感受性の鈍い子は、社会とはこんなものなんだと思い込まされて育って行って、国家のお眼鏡にかなった一人前の「社会人」として完成しますが、感受性の豊かな子は、そうそう簡単に学校の言いなりになるものではありません。教育者側は、鋳型にはまらないこういう子のことを、自制心のない甘えん坊だとか、親が甘やかしたから普通の子と同じ社会生活ができないのだとか言って、徹頭徹尾、非難攻撃してきます（後略）。（『僕は登校拒否児である』いけふくろう書店、2020年、21頁）

そして、そのような「問題のある子ども」かどうか、文部科学大臣がその状況を認定することになっているのだから、子どもの側からみれば、いつ自分が「問題がある」と把握されるかわからない状態となる。しかも、不登校児童生徒だとされてしまうと、無理して学校に来なくていいから、「特別な」場所（その子どもたち用の学校、あるいは教育施設）で学びなさい、ということになっている（同法第10～13条）。これは明らかに差別にあたる。しかし、このことを法律は「多様な学び」だと言っている。「多様な学び」ではなく「多様な場所」が用意され、そこに行きなさいと言われているだけなのだが。つまり、これは、義務教育段階での子どもたちの分離と排除を謳った法律ということになる。

なお、この法律の第13条は「不登校児童生徒の休養の必要性を踏まえ」学習活動が行われるようにと規定している。欠席していることを「休養」ととらえてよいのだろうか。疲れたから休みたい、という理解でいいのか。子どもたちが学校に行かないことを「休養」の必要性というメッセージとして受け取ってよいのかどうか。子どもたちは、もっと他のメッセージを発しているのではないか。もし「休養」として把握しうる場合でも、なぜ「休養」を必要とせざるを得なくなったのかが問われなければならない。この点で、大人に有給休暇があるように、子どもにだって休む権利があるという主張が、この法律がねらっている分離や排除の構造構築にいつの間にか加担させられてしまわないように注意する必要がある。

学校が子どもたちを追いつめているのではないか、という視点をまったくもたない「不登校対策」では、子どもたちを救うことはできない。現状では、不登校について一層マイナスのイメージが強調され、子どもたちばかりでなく、保護者も自分を責めることになっていく。このことはかねてより指摘されているが、それが踏まえられた法律とは思えない。子どもたちは、まずはそんな状況から「逃げなくてはならない」。その一つの手段が、学校を休むということなのである。しかし、そのことに対して、「学ぶのは学校でなくてもいいんだよ」「無理して来なくてもいいんだよ」というように、一見すると、子どものことを思いやっているような印象を与える言い方が公言される。こうして、実際には、「出て行け」「来なくていい」「その代わり、どこかでちゃんと勉強はしておけ」というメッセージが、子どもたちに（そして保護者にも）確実に伝わっていくことになる。

(4) 分離の正当化

では、「不登校児童生徒」として分離・排除された子どもたちは、そのまま放っておいてもらえるのかといえば、そうではない。通常の学校以外の場所での学習が適切になされているかどうか、国や地方公共団体が管理することになっている。子どもを追いかけ、学校という枠組みから逃れられないようにしていく。せっかく、そういう学校的教育のあり方から離れて、少し休みたいというサインとしての不登校だったとしても、少々の休息なら認めるけれど、とにかく早く学習しなさいということになっている。このままいけば、おそらく、不登校児童生徒用につくられた学校や施設を不登校になる子どもたちが出るのではないか。笑えない冗談である[14]。

14 心理カウンセラーの内田良子は、不登校対策としてのホームエデュケーションは家庭での学習を「出席扱いにする」という意味で不登校の数減らしに過ぎないと批評した上で、次のように述べている。「『学校』と聞いただけで耳をふさぐ不登校の子どもにとって、フリースクールも『スクール＝学校』で、ホームエデュケーションも『エデュケーション＝学校教育』です。教育の機会の確保を急ぐと、子どもの居場所である家庭という私的領域を学校化してしまうように思います。つまり、子どもの生活の文化や育ち全体を学校教育によってコントロールすることになります。」（内田良子『「不登校」「ひきこもり」の子どもが一歩を踏みだすとき』ジャパンマシニスト社、2020年、126頁）

不登校児童生徒だけを集めた学級や学校はすでにつくられており、今後、この法律を根拠に増えていくだろう。この場合、学校に行っているのだからもはや不登校ではないはずなのだが、不登校児童生徒として扱われる。なぜなら、「不登校児童生徒」とは、単に学校に行っていない子どものことではなく、心理的な問題を抱えている子どもとして法的に定義されているからである。

学校に来ていなかった子どもたちだけを集める学校・学級の姿には、すぐには納得しがたい違和感を覚える。しかし、教育機会確保法の第3条には「不登校児童生徒が安心して教育を十分に受けられるよう、学校における環境の整備が図られるようにすること」と規定されている。不登校児童生徒用の特別な学級は、まさにこの「環境整備」のひとつの方法なのである。文言だけから楽観的に読み取れば、通常の学校のあり方自体が変わるのかと期待をかけたくなるが、これまで述べてきたように、不登校は子ども自身の精神的な問題だと定義されているのだから、学校のあり方が変更されるはずはないのである。特定の子どもだけを「問題児」として隔離していくことになるだけである。

教育再生実行会議の第9次提言（2016年5月）には、「不登校等の子供に対し学校卒業後も継続的に相談・支援」が行われるよう促進する必要があると書かれている。卒業しているのに、「不登校」を問題にされてしまう一定の人々がすでに生み出されているのである。卒業しているのだから、もはや不登校と表現するのはおかしなことなのだが、学校に行っていなかった過去をいつまでも問題視され続け、支援体制までつくられてしまう。

これらはすべて、「不登校」ではなく、「不登校児童生徒」を定義し、個人の心理的問題として不登校を説明しようとしたところから出発している対応である。つまり、普通学級になじめない子どもは、特別に学級をつくるからそちらで学んでください、ということである。これは障害児教育（特別支援教育）と同じ論理である。後述するように、インクルーシブな教育を目指そうとする国際的な動向とは逆に、子どもたちを細かく分けて、一定の者たちを特別な存在にした上で「支援」の名の下に普通学級から排除していこうとしているのである。

4　学校の使命と現実的人間

(1) 学校を変える視点なし

このように教育機会確保法は、不登校を生み出す現在の学校のあり方自体を問い直そうとする視点を欠いている。いまの学校がなぜ子どもたちから拒否されるのか、あるいは行きたくとも行けないところになっているのかということについての分析をまったく欠いている。不登校という形で子どもたちが体を張って明らかにしようとした現在の学校教育の問題点には関心を示そうとしていない。すべての学習を「学校」で回収し、自由な学びを許さないことがねらいであるとしか思えないほど、学びの多様性を否定している。「学ぶ」とは、学校において、用意されているカリキュラムに従って学習することだとの前提に立っているからこそ、学校に行かないことは「学べない」こと、「学んでいない」ことだとされてしまう。なお、すでに述べてきたが、学ぶ場所が学校でなくてもよいということで、学習の「学校化」を免れるということにはならない。「学ぶ場所」についての選択の自由を得ることと「学校」という抑圧のしくみから解放されることとはまったく別事象である。

フリースクールなどの居場所づくりをしているNPO法人フォロ事務局長の山下耕平は、コロナ禍でのオンライン教育と関連させて次のように述べている。

> 子どもたちの行動がどこまでも「見える化」され、教育評価のまなざしは、不登校していても家の中にまで入り込み、その主体性までも評価しようとしています。(中略)オンラインが、いまの学校のあり方をゆるめていくことになればよいですが、実際に進んでいるのは、どこまでも評価のまなざしをめぐらせて、子どもを「教育」へと駆り立てることにほかなりません。それでは、子どもたちはますます苦しくなることでしょう。(山下耕平「教育機会の確保よりも、信頼の回復を」『はらっぱ』No.394、公益社団法人子ども情報研究センター、2020年9月、13~17頁、15頁)

「不登校」を子どもたち個人の問題として認識するのが教育機会確保法の前提となっているのだが、一方で、文部科学省によれば、「不登校」はどの子にも起こりうるとしている。そう

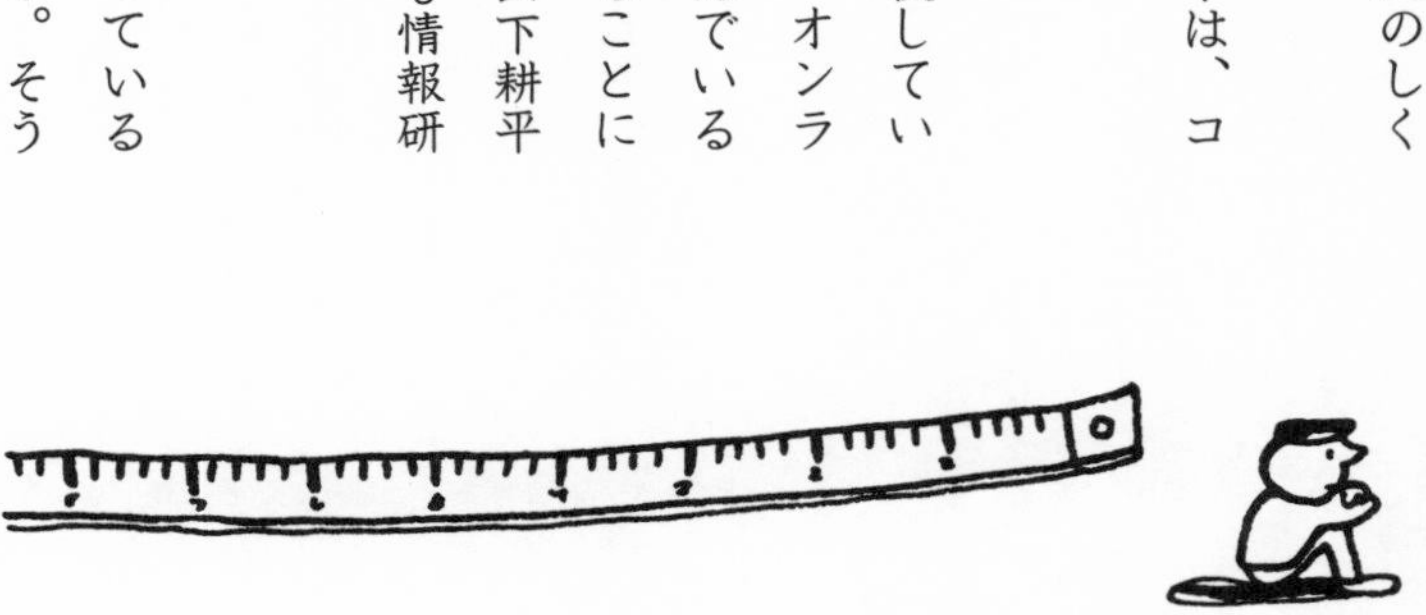

だとすれば、学校で学べない状況になることは異例なことではないということになる。どの子にも起こる「ふつうのこと」であるのなら、不登校の原因は学校側にあると考えるのが正しいだろう。

不登校は明らかに学校の問題である。それは、子どもが自ら死を選ぶ日付が特定されていることにあらわれている。わたしたちは、このことにもっと注目しなければならない。それは多くの学校で2学期が始まるときである。そして、4月の新学年が始まるころ、5月のゴールデンウィークが終わるころ、冬休み明け。つまり、長い休みが終わって学校に行き始めねばならないときに子どもたちの自死が集中しているのである。明らかに、学校に何か問題があると考えるのがふつうであろう。誰もが安心して学べない状況があるからこそ、不登校になるのであり、あるいは死を選ぶのである。[15] 繰り返すが、法律は、このことを無視し、なぜ「不登校」になるのか、それを構造的に問うことをせず、子ども個人の精神的問題として不登校を説明し、対処しようとしている。

現実的に、教育への権利保障の方法として学校は大きな位置を占めている。そのように重要な場所として学校があるのだとすれば、そこに行けない子どもたちがいるということ自体、権利保障の制度的あり方に問題があったということの証である。しかし、教育機会確保法の検討からみえてきたように、問題は「個人化」されている。これは、今日の教育をめぐる諸問題のほぼすべてについて当てはめられている認識枠組みである。この点は、本書全体を通して問題にしていきたい。

15 自死を防ごうと、子どもたちに「逃げ場」を用意しようとする取り組みもなされている。緊急避難として「逃げていいんだ」とメッセージを発することには大きな意味がある。しかし、なぜ、学校という場所から逃げなければならない状況になっているのかがもっと問題にされ、検証されなくてはならない。

(2) 子どもの変容が必須

では、なぜ、教育行政は、学校を変えるという視点をもちえないのか。このことは、そもそも「教育」がどのようなものとしてイメージされ、制度化されているかということと関連している。

まず、制度化という観点から言えば、教育の目的・目標が法定されている限り、その目的・目標に従って変容が求められているのは子どもの側だということになる。

たとえば、教育基本法の第1条は「教育の目的」として、「教育は、人格の完成を目指し、平和で民主的な国家及び社会の形成者として必要な資質を備えた心身ともに健康な国民の育成を期して行われなければならない」と規定している。その内容の是非はここでは措くとしても、「心身ともに健康な国民」になるよう変化が求められているのは教育を受ける側である。同法第2条は、教育の目標として5項目を掲げ、第1項目を除いていずれも「態度を養うこと」とされている。たとえば、(部分的な引用になるが)「勤労を重んじる態度」「環境の保全に寄与する態度」といった具合である。ここでは、「態度」の変容で目標が達成されたかどうかが見えるような形での教育が期待されている。ただ、このように法律によって教育が計画化されているからといって、必然的に学校の不変が結論づけられるということにはならない。なぜなら、その計画がうまくいかない場合には、通常は、計画のほうを見直すということになるからである。しかし、実際には、計画のほうの見直しという方向性は出てこない。あくまでも、子どもたちのほうが対応すべきとの姿勢である。

そこで、多くの人が描く教育についてのイメージに着目してみたい。それは、「子ども」をどのような存在とみなすかという「子ども観」の問題でもある。それには、3つのモデルがすぐに思いつく。

ひとつは、子どもを動物にたとえ、それを調教するように教育をイメージする場合である。もうひとつは、子どもは純真無垢な白紙であるととらえ、そこにさまざまな知識を印刷していくようなイメージで教育をとらえるものである。[16] これら2つのイメージは、ともに子どもは大人のような知識・技能はもっていないのだから、それを教え込まなくてはならない、という発想に立っている。

これらに対して、子どもを植物の種に見立てて、水や日光、栄養分などの環境が用意されていれば、子どもは自ら芽を出して育っていく、という教育のイメージがありうる。これは、先の2つのイメージが子どもをぐいぐい理想の方向に引っ張っていくのに対して、環境を整えることで子どもの育ちのいわば援助者に徹し、子ども自身の力を信じようとするものである。

この3つのイメージ（あるいは教育のモデル）は、それぞれがわたしたちのもつ子ども観に合致しているのではないか。しかし、変化するのは、つねに子どもたちのほうである。この「変化」は教育の世界では「成長」や「発達」と呼ばれることになる。だからこそ、法律で子どもの変容の方向性が明記されることに対しても、違和感をもたないのかもしれない。このような認識においては、学校の側が変化しなくてはならないという発想はなかなか出てこない。

16 イギリス経験論の哲学者ジョン・ロック（1632〜1704年）のタブラ・ラサ（ラテン語 tabula rasa、人間は初め白紙のように何も書き込まれていない状態であり、その後の経験によってさまざまな知識等を得ていくという人間観。『人間知性論』などの著作を参照）の議論が有名である。なお、タブラは、テーブルやタブレットの語源であることがすぐに想像できるように、石板（今日の黒板のイメージ）を意味し、ラサは削る、消す、といった意味（英語の rase やフランス語の raser など）である。つまり、文字などが消された（何も書かれていない）状態の石板のことで、「白紙」という言葉からイメージされるものとは若干異なる。とくに「消す」という行為が何を意味していくのか、ここから議論を派生させれば、学校教育の本質的な機能にも迫れるかもしれない。

(3) 未熟なものとしての子ども

教育という語で理解されているのは、子どもたちの変容である。自主的になったり、責任感をもったり、その目指すべき人間像の表現はいろいろであったとしても、その時代、その社会でよいとされる人間に向けて子どもたちを変えていく作業が教育であるとされる。そのことで、集団として世代が継承され、社会が存続・更新されていくのである。[17] そのための効率的な機関として学校に期待がかけられている限り、学校を通過することで、子どもたちは「変わらなければならない」のである。つまり、計画を立てて一定の成果が出るように子どもたちを「指導」していくイメージで教育は語られる。このような環境の中で、子ども自身も、つねに自らを大人からの指導が必要な「未熟」な存在だと思うようにさせられていく。そして、提示された人間像に向けて自らを同化させていく。

では、何において「未熟」なのか。それは、社会生活で必要とされるさまざまな知識・技能が不足しているということであろう。この点については「学力」論と関係するため、次章で詳しく考えてみたい。ここでの問題は、大人たちにとって子どもはなぜ「未熟」に見えるのか、という点である。

先の教育についての3つのイメージをあらためて考えてみたい。3つに共通している発想はいくつかあるが、その中でももっとも基本的なものは、子どもは一次関数的に、右肩上がりに成長していくととらえている点ではないか。調教によって芸をひとつひとつ覚えていった動物は、訓練の量に比例して、できる芸の数が増えていく。白紙に文字を印刷していく場合も、1

17 フランスの社会学者エミール・デュルケーム(1858〜1917年)は、子どもの中に「社会的存在」を形成していく行為を教育とした。彼は、産業社会の変化による分業の進展でばらばらな個人が生み出され、社会が分解しかねないのだから、社会的連帯のために教育が実現すべきなのは、自然がつくり出したような人間ではなく、社会がこうあってほしいと願った人間なのだと考えた(佐々木交賢訳『教育と社会学』誠信書房、1976年)。これは方法的社会化として教育を定義づけようとするものであり、社会環境への順応という側面が強調されることで、国家主義的色彩の強い教育論としてとらえられることがある。

行ずつ内容は増えていく。10行目まで来たら最初の3行が消えていたということにはならない。植物も、芽が出てどんどん上に伸びていくのであって、途中から引っ込んでしまうことはない。

しかし、このような一次関数的な「成長」のイメージで教育をとらえる発想には、いくつかの矛盾が含まれている。たとえば、人は学んだことをずっと蓄積して記憶しているわけではないという単純な事実がある。また、このモデルでは、「できなかったことができるようになる」という教育の効果を前提とし、完成像としての「大人」を目指して教育計画を立てていくことになる。いつ「大人」に到達するかは議論の余地があるが、仮に義務教育終了時点あるいは20歳だとすると、15年間あるいは20年間、完成像である「大人」の内容が変化しないことが必要となる。それが変わってしまったのでは、途中から計画のやり直しになってしまう。しかし、20年も先まで必要な知識等が変わらないということがあるだろうか。さらには、そもそも子どもを「できない」存在と設定してよいのか。子どもであるからということではなく、人間には、年齢などに関係なく、できることもあればできないこともある。

より根本的なことを言えば、そもそも、なぜ子どもを人間以外のものにたとえなくてはならないのか。つまり、子どもは「人間」だとみなされていないということである。社会をともにつくるメンバーだとみなされていないのである。もし、子どもは「人間」であるというきわめて単純な認識を基にして教育がイメージされれば、「変容」という現象に関しても、少なくとも子どもにのみそれを迫るということにはならないはずである。人間として人格をもつ存在だと認識すれば、動物や白紙、植物など人間以外のものだとみなす必要はまったくない。一人の人格者としてともに社会をつくっていこうとするはずである。[18]

機能的に子どもの変容を計画するということは、子どもに対して連続的な変化あるいは進歩が期待されているということになる。そこでは、知識等の何らかの内容物を満たすことで「完全な状態」に達する「欠如した状態」としての子ども像が前提とされている。しかし、現実の人間の生活は、「欠如している」とみなされるかどうかとは関係なく、その日その時の瞬間をその時々の状態として積み重ねているだけである。系統的、計画的に連続性をもって生きている人などいない。[19]

このような瞬間の積み重ねとしての生活を教育の中に取り込んでいくことには、かなりの無理がある。教育は、人として生きる上での権利保障として意義があると主張することは簡単なのであるが、それを学校において果たそうとすると簡単ではなくなってくる。しかし、ここでは少なくとも、どのような「子ども観」を基礎にしてその権利保障を実現しようとするかを問題にしたい。そこで、この問題を考える糸口として、国連の「子どもの権利条約」が着目する子ども観を確認しておきたい。

(4) 子どもの権利条約の子ども観

子どもの権利条約は、1989年11月20日、国連総会で満場一致で採択された。締約国は196カ国（地域含む）に及び、歴史上もっとも多くの国（地域）が参加している条約とされている。日本の批准（=条約を承認し実行するという国としての最終的な同意手続き）は1994

18 ドイツの哲学者、教育学者であるオットー・フリードリヒ・ボルノー（1903～1991年）は、その『実存哲学と教育学』の中で、「出会い」の概念を重要視した。出会いは最初から計画できるようなものではない。しかし、近年、偶然的であったはずの「出会い」さえ、スマホでのマッチングによって制御可能となっていることを考えると、「人間」自体の問い直しが必要になってきてもいる。

19 実存の思想で知られるフランスのジャン＝ポール・サルトル（1905～1980年）は、『嘔吐』の中で、人が生きている状態を次のように書いている。「人が生きているときには、何も起こらない。舞台装置が変わり、人びとが出たり入ったりする。それだけだ。絶対に発端のあった試しはない。日々につけ加えられる。これは終わることのない単調な足し算だ。」（鈴木道彦訳、人文書院、2010年、69頁）

年で、158番目であった。これはかなり遅い批准として当時ニュースにもなった。

この条約の内容は、生きる権利、育つ権利、守られる権利、参加する権利の4つに分類される。そしてとくに、「参加する権利」を規定したことにその意義がある。これまで、子どもに関する条約は、保護されるべき存在としてのみ子どもをとらえていたが、この条約では、権利行使する存在として、自ら行動する存在として子どもをとらえた。その核になるのが第12条の「意見表明権」である。また、第3条では、子どもに関するさまざまな施策はすべて子どもの最善の利益とならなくてはならないとされた。この2つの条文は連動させて解釈されるべきとされている。つまり、何が子どもにとって最善なのかは、子どもの意見を聞いてみなければわからない、という前提に立っているのである。子どもには、自分に関するさまざまな事柄について意見を言う権利がある、ということなのである。

日本国憲法や国際条約（経済的、社会的及び文化的権利に関する国際規約等）で確認されている通り、学ぶことは人々の権利であるならば、学ぼうとしている者の声を聴くことは、むしろ当然の手続きといえるだろう。

子どもの権利条約の第12条も、子どもが自らに「影響を及ぼすすべての事項について自由に自己の意見を表明する権利を確保する」と規定している。そもそも学ぶことが権利なのであれば、学ぶ内容が権利行使する側の事情および何を求めているかを無視して提示され、かつそれを習得すべきものとして迫るなどということがあってよいはずはない。学ぶ者の声を聴かずに、どうして教育内容を提示することができるのか。

このように、子どもの権利条約は、これまでの子ども観を転換させ、子どもというものは自分の意見を述べ、社会に参加する権利をもっている存在なのだ、と位置づけし直したわけである。

しかしながら、この条約の趣旨は日本の学校ではなかなか根付いていない。むしろ、子どもに意見を言わせると「わがまま」になってしまう、という懸念が多く語られている。「意見を言うこと」と「わがまま」とはまったく異なるものなのだが、これが混同されてしまう。子どもを学校教育での計画通りに変容すべき存在ととらえている限り、子どもの意見を聞くことに意義を見出すことはむずかしいだろう。子どもは「教育される」存在、つまり「受け身」の存在とみられているのである。

しかし、条約は、子どもが能動的に社会に参加していくことを想定している。このような子ども観を前提とするならば、「不登校」対策ももっと違ったものになっているはずである。不登校という現象自体が、子どもの意見表明なのだととらえることができるからである。その「意見」をどのように聞き取り、解釈していくのか、そのことに注意を向けていれば、「不登校児童生徒」を定義し、子どもたちに原因を求めるような法律がつくられるはずはない。

教育機会確保法の第1条には、子どもの権利条約の趣旨に則ると書かれている。それをそのまま信じれば、子どもが意見を言う機会が確保されるのだろうと思ってしまうが、それは保障されていない。それどころか、文部科学大臣の認定基準次第で、子どもたちはいつ自分が学校から出て行けと言われる対象になるかわからない状態に置かれることになったのである。

「不登校問題」とは、子どもたちが学校に行かなくなること自体の問題なのではない。なぜ子どもたちは学校に行かなくなるのか、その理由や原因を子どもの側に求めていることがもつ問題である。そして、教員をはじめ支援者と称する人たちが、この問題に気がついていない（気がついていてもそれを問おうとはしない）という問題である。この問題構造が問われていない限り、「不登校」に対してどんな対策をとろうとも、想定される効果が得られることはない。逆に、子どもたちを心理的に追い込むことになっていく。

第2章「学力」

1　基礎学力とは何か

(1) 教育を「十分に受ける」という発想

前章でみた教育機会確保法に示されている問題点をもう少し検討することで「学力」についてとらえ直すきっかけとしたい。

すでに紹介したように、文科省による不登校への対策指針（2003年の通知等）に基づけば、中学校そのものには一日も行っていなくとも中学校を卒業した、ということもありうるわけである。義務教育は、基本的には子どもの所在が確認でき、働かされていないことが明らかであれば、制度上大きな問題にはならないのだから、このような対応は、自然な発想でもある。もちろん、学校に行きたいのに行けないこと自体が大問題であることはこれまで述べてきた通りである。

ここで取りあげたい観点は、おそらく多くの人が、学校に一日も行っていなくても卒業することに対して「不安」や「不満」をもっていることについてである。なぜ、「不安」「不満」といった感情が引き起こされるのか。

教育機会確保法は、「義務教育の段階における普通教育に相当する教育を十分に受けていない者」という表現を用い、そのような者への教育の機会を確保するとしている。では、「教育を十分に受けていない」と誰がどのような基準で判断できるのか。これに対して、「卒業」しているかどうかによって判断する、という回答はありうる。卒業していなければ、学びは「不十分」だったということになる、と。もしそうならば、「小学校あるいは中学校を卒業していない者」とすればよいのである。なぜ「十分に受けていない者」と表現しているのか。

「卒業」は、原則として次の段階の学校教育を受けるための前提条件とされている。したがって、中学校を卒業せずに義務教育期間を終わった者が、その後、学校（高校など）という場で教育を受ける権利を行使しようと思えば、もう一度、中学校卒業のための学習機会を得ることは必要なことである。もし、この点を心配してこの法律がつくられているのなら、制度的保障として重要な議論をしていることになる。[1]

しかし、法律が問題にしている「不十分」とは、義務教育段階で一定の教育を受けるべきものと前提した上での子どもたちの学習状況についての判断である。つまり、学校には来ていなかったが、さまざまな配慮により「形式的に」卒業した者が問題とされているのである。「十分に」教育を受けていないにもかかわらず、形だけは卒業したことになっていることを問題としているのである。しかし、何の条件もなく卒業が認められているわけではない。卒業は、その子どもをめぐる学習状況なども含めたさまざまな状況を総合的に判断して決定されるものであり、何もせずに安易に卒業認定がなされているわけではないはずである。学校教育法施行規則の第57条は、進級や卒業に関しては子どもの「平素の成績を評価して」行うとしている。この場合、何をもって平素の成績とするか、解釈にはかなりの幅があるが、それゆえに柔軟な対応も可能となる。

1
第1章ではふれなかったが、教育機会確保法には、夜間中学校を充実すべしとの規定がある。夜間中学校については、もともと別の法案として検討されていたのだが、途中から一緒になり、教育機会確保法の中で不登校対策と同居することになった。

確かに一般的には、学校に通っていたとしても、そこでの学習内容を十分に習得していなければ、その状況は「問題」とされるだろう。しかし、教育は権利として把握されるものであって、外からの判断で「不十分」だと評価されるようなものではない。十分に学べたかどうかは本人が判断することである。そして、もし不十分なのだとすれば、「不十分な者」に対する他の場所や機会の提供ではなく、なぜ、十分に学ぶことができなかったのかを制度上の問題として反省的にとらえ、その解決に向けてこれまでの環境の改善を図ることが、学校側、そして教育行政側に求められなければならない。権利保障の場でありながら、十分に学べないのでは、制度としてまったく意味がない。この状況を、子どもの声を借りて言えば、「先生、わかるように教えてください！」ということになる。

「十分」であるかどうかは、誰でも安心して学ぶことができるかどうか、そのような権利行使ができる条件が整えられているかどうかという点の検証に用いられるべき観点である。ある個人が「十分に」学んだかどうかは客観的に判断されるような性質のものではない。卒業するために十分であったかどうかは、校長が判断することになっているのだが、卒業している限り、その学びが「不十分」だったと言える根拠とそう宣言できる権限を（本人以外で）いったい誰がもっているのか。

(2) 基礎的な内容の多様性と不安定性

しかし、このような議論だけをしていても、「学力」をとらえ直す道筋は見えてこない。何を学ぶか、それは個人の勝手だというように突き放した見方は、結果として、学歴などの指標によって就職等の機会に格差が生じ、そのことによってどんな人生を送ることになるかが決まってしまうような（少なくともそう信じられているような）現状の格差社会を肯定していくことになる。

わたしたちは、日常的には、子どもたちが実際にどれくらい知識を習得しているかどうかを心配する。とくに義務教育段階にあっては、ふつうは、読み・書き・計算といった「基礎学力」を身につける期間だと認識されているのだから、なおさらである。皆、社会生活を送る上での「基礎的知識」だと言われるからこそ、その習得のために必死になって勉強する。

では、それは誰にとっての、また何のための「基礎」なのか。言うまでもなく、義務教育段階にある者全員にとっての、社会生活を送るための「基礎」だ、と思う人は多いだろうが、本当にそうだろうか。

「基礎的な知識」とは、具体的にどのような知識のことを指すのか。通常、教育学の世界では「読・書・算」（reading・writing・arithmetic のRに着目して3R's〈スリーアールズ〉という）が基礎的なものだとされている。[2] これにはあまり異論がないように思われるだろうが、「基礎的」であるということが全員に不可欠な知識を意味するのならば、そのような知識は存在しない。あくまでも、必要な知識は相対的にしか規定できない。これは経験的に明らかである。自動車整備の仕事に就いている人にとっての基礎的な知識と看護師にとってのそれは、かなり違うはずである。

2 パリでフランス人家庭に招かれたとき、そこのお子さんの小学校（低学年）の通知表を見せてもらったことがある。そこにはフランス語と数学の成績しか記載されていなかった。この2つがいわば「道具」的位置づけとして重視されているということがよくあらわされていると思った。エヴァレット・ライマーが「学校は自らの存在理由を、主として技能、特に言語と数学の能力を教えるということで説明しようとする」と指摘した通りである。（松居弘道訳『学校は死んでいる』晶文社、1985年、50頁）

現在、教育改革の必要性を述べる際、「多様性」はキータームから外せない。実際、文部科学省や教育再生実行会議などによる文書には、当然に尊重されるべきものとして「多様性」が語られている。だとするならば、学ぶ内容も多様であって当然である。さまざまな個性があり、さまざまな生活背景をもち、さまざまな仕事に就くだろう子どもたちに対してどうして一律に不可欠な知識が、誰の権限と責任において確定しうるのか。しかも、それを「基礎的」だと言いうる根拠はどこにあるのか。この点に関しては、一般的には次のような反応がありうる。つまり、先に挙げたような自動車の整備や看護といったことは職業教育の範疇であって、そこでの多様性はむしろ必然であるが、その「根底に共通するもの」としての基礎学力といったものはあるはずだ、義務教育段階においてその共通の内容が基礎として提示されることには問題はないのではないか、と。

学校で教えられることは大切なものだと信じるからこそ、皆それを尊重し、一生懸命に勉強する。そもそも「大切だ」というのは無自覚的な大前提で、それを「信じて」などと表現すること自体がふさわしくないのかもしれない。成績表の評定に一喜一憂し、少しでも高い評定値を得られるように学習塾にも通い勉強するのがふつうなのであるから。

ところが、大人になってみると、様相は激変する。

たとえば、飲み屋で交わされる会話の中には、「いや〜、中学校のときの理科は全然わからなかったよ」とか、「当時はずいぶん暗記したけど、今じゃまったく覚えてないよ」といった具合に学校時代の思い出話で盛り上がる場面がある。習った記憶さえないくらいに学習内容を

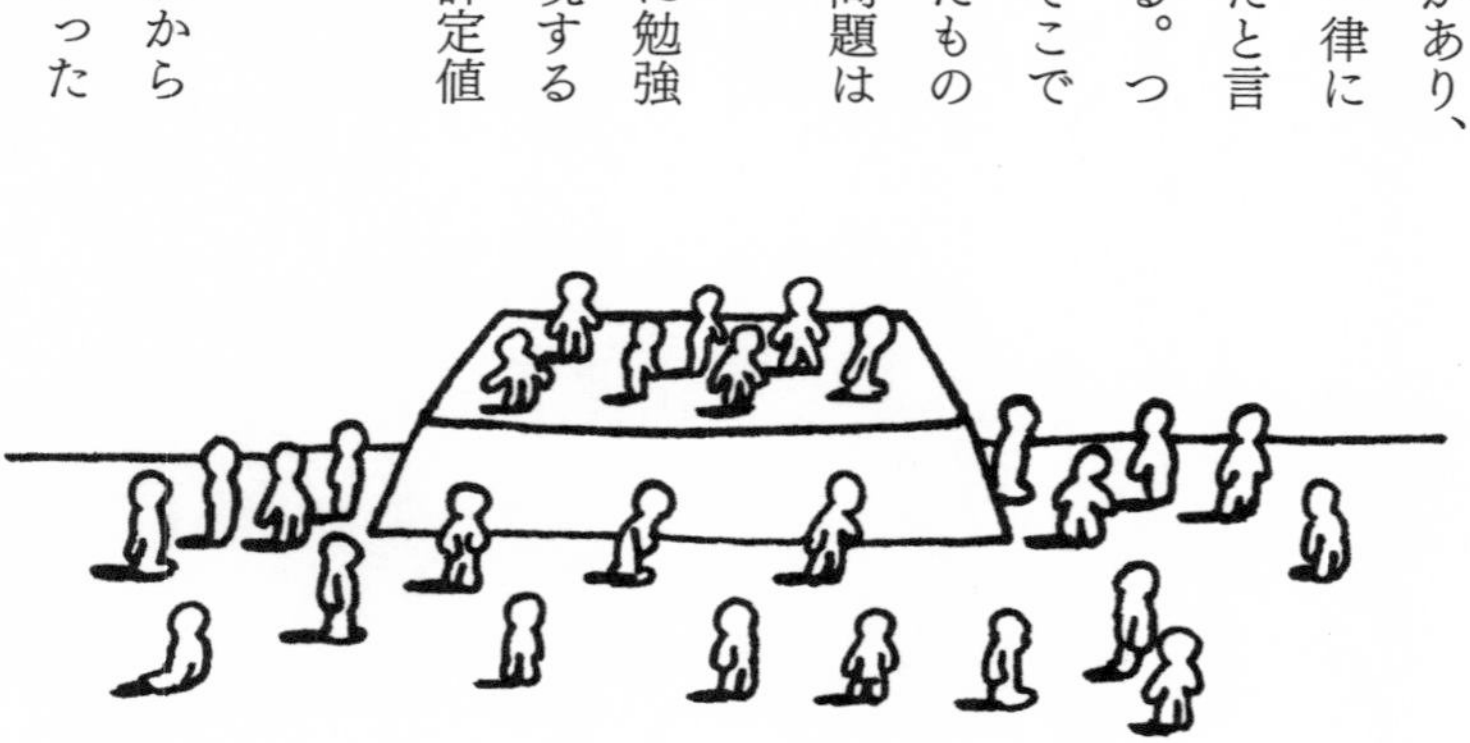

忘れてしまっていることも当たり前のように語られていく。つまり、ここでは学校で提示された知識の習得とは関係なく現在の生活が営まれていることが証言されているわけである。「基礎的だ」「大切だ」と言われてきた学習内容を習得していなくとも、社会生活を送る上でまったく支障がないということが確認されているわけである。

これはかなり衝撃的なことである。一生懸命に努力している現役小・中学生には聞かせられない（本当は聞かせて安心させたいのだが）。むしろ、つねに100点を取っていた子どもが、社会性がないとか、変わり者だったなどと言われ、一風変わった子どもとしてマイナス評価を受けることさえあるのだから、なおさらである。100点を取れば親はとても喜んでくれたはずなのに、この180度の態度変容はいったい何なのか。「義務教育」で習う知識は、社会生活に必要なものだったのではないのか。実際、教師からも親からも、「これくらいのことができなくては、社会に出て通用しないぞ」などという「脅し文句」を言われたことを覚えている人も多いだろう。ところが、現実社会は、どうやらそうではないらしい。だとすれば、今も昔も、子どもたちはいったい何に対して一生懸命になっていたのだろうか。

冷静に考えれば、これらのことは、小・中学生自身が気づくことのできる現象なのだが、ふつうはそんなことは考えない。なぜ、気づくことができたはずだといえるのか。それは、もし、義務教育段階の学校で学ぶことが社会生活をするための必須の基礎的事項なのだとすれば、すべてのテストに100点（あるいは何らかの合格ライン）を取らなければ卒業できなかったはずだからである（よい点数ばかりを取っていた場合には、気がつかないかもしれないのだが）。

しかし、実際にはそうではなかったのだから、学習内容の習得自体はそれほど期待されていないのではないか、と気づけたはずである。繰り返すが、こんなに冷静に考える子どもはいないだろうけれど。義務教育制度はあくまでも「年齢主義」に則っているということが、ここでも確認できる。

(3)「基礎的」であることの暴力性

それでも読み書きの知識・技能は社会生活をしていく上では不可欠だろうとの意見は強い。しかし、その「共通する」基礎的なるものが、今日、どんどん増加していっていないだろうか。たとえば、パソコンをはじめとした情報機器についての知識・技能は必須のものとして「基礎学力化」していないだろうか。英語に代表される外国語も、主権者としての政治的教養も、地球温暖化を考えていけるような科学的知識も、いずれも現代社会での生活には欠かせないものとして習得が必要だと言われれば、反論はむずかしいだろう。つまり、なんでも基礎的知識に組み入れていくことは可能なのである。問題は、そのことによって誰かが犠牲になっているのではないか、という点である。

たとえば、スマホあるいはパソコンをいかにうまく使いこなすかによって、ポイント還元など含め、さまざまな利益がもたらされる。「情報」についての知識・技能は「基礎的」なものなのだから、それを習得していなければ経済的な不利益を被っても仕方がないのだ、だから、しっかりと勉強しておく必要があるのだ、と認識されるのが現実かもしれない。しかし、この発想は逆ではないのか。ここでの「利益・不利益」はきわめて人為的なものである。はじめに何らかの知識・技能をもっていないと不利益となる状況が一方的につくられ、それを正当化するために、その知識・技能の習得がまるで基礎的なものであるかのようにイメージされているのではないのか。本当にそれを「基礎」だと言っていいのか。利益を得られるかどうかの基準が、スマホやパソコンのレベルを超えてより高度な知識・技能を必要とするラインに設定されてしまえば、その習得に向けて再び努力しなくてはならなくなるだろう。どんどん「基礎的」である範囲が広がっていってしまう。また、利益を得るためには、スマホなど高価な機器の所有が前提となる点も大きな問題である。経済的に余裕のある者が、より多くの利益を得られる構造ができあがっていくことになる。

つまり、「基礎学力」といわれるものの設定により、その習得が当たり前のように考えられていくと、その欠如が社会生活を送る上で不利に働くことになってしまうのである。本来、その人がどのような知識・技能をもっているかとは関係なく、生存権はしっかりと保障されていなくてはならない。一方的に基礎的だと宣言されたものを習得しなければ生きづらくなるなどという状況は人権侵害である。

このような認識を「読・書・算」にも当てはめてほしい。確かに、少なくとも文字の読み書きは基礎的なものとして設定しておきたいという発想はふつうのことと思われるかもしれない。しかし、たとえばOECDが実施した、16~65歳の者を対象とした国際成人力調査（PIAAC《ピアック》）[3]の結果を見てみると、日本は「読解力」のレベルがきわめて高く、6つに分け

3 PIAACは、Programme for the International Assessment of Adult Competencies の略称。この調査は、各国の成人を対象に、仕事や日常生活で必要とされる汎用的スキルのうち「読解力」「数的思考力」「ITを活用した問題解決能力」の3分野のスキルを測定するもので、2011年の実施結果では日本は、24カ国・地域の参加の中で1位の得点を得た。

られた習熟度（高い順にレベル5〜1およびレベル1未満）の中でレベル1以下（レベル1とレベル1未満）の者の割合が10％未満である唯一の国となっている。こんなに「優秀」ならば問題はない、と思う人は多い。実際、そのように報道もされた。しかし、注目したいのは、レベル1以下とされたおよそ5％の存在である。もちろん、この調査がどれほど人々の「力」を測定しえているのか議論・疑問の余地はあるだろう。しかし、16〜65歳の者のうち、20人に1人という、むしろ高い比率で「読解」にかなりの困難を示す人々がいるのである。65歳を超える人たちを加えれば、この率はもっと高くなるだろう。

文字の読み書きに困難を覚えている人がどんな不利益を被るかは、すぐに想像がつくはずである。それほど現在は、文字での情報が前提となっている。たとえば、次のような状況をどう考えればよいか（古い時代の話と映るだろうが、その原理的な問題点は今日でも変わらない）。その人は戦争などの影響もあり、文字の読み書きはほとんどできない。しかし、仕事もしているし、子どもも育て上げ、家も建てた。外出は電車が多いが、かつては行きたい駅名を窓口で駅員に告げれば切符を買えた。仕事も人間関係に支えられて順調。ところが、いつの間にか駅は自動券売機で切符を買うシステムになってしまった。それを「便利になった」と言う人は多かった。しかしその人にとっては、文字が読めなければ切符が買えなくなってしまったのだから、きわめて不便な状況に追い込まれたことになる。自分の行きたい駅が文字としてどう表記されるのかがわからないので、なるべく高額の切符を買えば足りるだろうと考え、実際よりも高い金額で電車に乗る。銀行も機械化・自動化が進み、窓口の人に字を読んでもらったり、書いてもらったりすることもできなくなった。ＡＴＭは文字が読めなければ操作できない。いろいろな申請書類もパソコンで入力するような仕組みになってきた。パソコンはまさに文字の世界である。そもそも高額である。せっかくうまくいっていた商売も、かなりのストレスの中でやらざるを得なくなった。[4]

文字が読めなければ生活しづらい、外出しづらい不便な状況をつくっておいて、文字の読み書きは基礎的な能力だと言われても、この人たちは納得しないだろう。ここで問うべきは、一定の知識をもっていないと生活が不便になってしまう状況をつくったのは誰なのか、その不便を強いられた人たちは誰なのか、そして、「基礎的」だと言うのなら、なぜそれが全員に保障されなかったのか、ということであろう。

もちろん、読み書きが困難なのであれば、人に訊けばよいと思うだろうが、いったんそれが基礎的だと承認されてしまった後は、文字に関する知識が不十分であることを人に知られるのは「恥ずかしいこと」になってしまう。心理的に追い込まれ、結果的に、読み書きについて人に頼めない、訊けない雰囲気が生み出される。当然、仕事にも影響してくる。先に述べたように、今日では、パソコンをもっていなければ、いろいろなサービスを受けられず、一定の必要な支援を得られない状況がつくられている。かつてから情報機器についての教育は重要視されてきたが、２０１８年度からの学習指導要領によってプログラミングの授業が導入されたことは、新たな「基礎的知識」の増設を意味することになるだろう。このことによって新たに誰かが不便を強いられ、その人たちに犠牲を強いる社会がつくられていくことになる。「基礎的だ」

4 今は駅の改札は無人状態、カードでピッとすれば通過できるようになった。しかし、これで「問題」は解決されたのだろうか。

と宣言することの権力性あるいは暴力性に着目していかなくてはならない。

しかし、現実には、このような構造は問題にされず、脅迫的にその基礎的知識の習得に邁進していく教育状況がつくられている。学力論における「基礎的」という発想は、つねに誰かを苦しめ、社会生活における参加に制限をかける働きをすることになっていることにもっと敏感でもよいのではないか。しかし、問題がつねに個人化されてとらえられているので、仮にその習得が不十分で生活上で苦しめられることになったとしても、成績の悪かった自分のせいだと考えてしまう。ある一定の知識を習得していないと生活において不便となる構造自体が間違っているのではないか、とは誰も考えない。[5]

5 この点は、第3章の「障害」の問題とも関連してくる。たとえば「読み書き能力」と言った場合にイメージされるさまざまな知識のあり方・学び方を議論していく際に、多くの場合、視力や聴力という一定の「能力」の保持が大前提とされていることに、果たしてどれだけの人が気づいているだろうか。

2 ＯＥＣＤの社会観・教育観

(1) 未来社会のイメージ

今日、「学力」を論じる場合、ＯＥＣＤの影響力の大きさを意識せざるを得ない。ＰＩＳＡ《ピザ》(Programme for International Student Assessment の略称）によって「学力」を国際指標化し、その国の教育政策に評価を下しているわけだが、それは何のためになされているのか。

ＯＥＣＤは、15歳の子どもを対象に読解力、数学的リテラシー、科学的リテラシーの3分野について3年ごとにPISAという国際的な学習到達度調査を行っている。日本では国立教育政策研究所が調査の実施を担当している。そのホームページを見れば、調査の概要や過去の調査結果などを確認できる。2000年代初頭には、PISAの結果に基づき「学力低下」がマスコミ等でも報じられ、いわゆる「ゆとり」教育路線の見直しや学習内容の増加のきっかけとなった。しかし、調査参加国全体の中では、日本はつねに上位グループに属している。[6]

その組織の性質上、OECDは経済政策の観点から教育を論じようとするのであるが、それがどのような発想に基づくものなのか、そして、そのことの意味を確認しておく必要がある。なぜなら、その方針がいまの日本の教育改革の基盤となっているからである。

OECDが求めていることを一言で言えば、ますます高度化する技術革新によって予測困難になっていく未来社会に適応していくために教育を改革する必要がある、ということになる。OECDの教育観は、このような不安定な社会のイメージと、それに対応していくための新たなスキル獲得論によって支えられている。これを踏まえ、今後の教育に求められるものとして「粘り強さ」や「起業精神」などが掲げられ、グローバル化した中での経済競争に対応できる人材を養成する教育政策が必要だとしている。とくにICTの活用については、それが教育格差を縮小する、発達障害といわれる子どもたちに有効でありインクルーシブ教育を実現するといった、かなり乱暴な議論も展開されている。ICTに関する企業側からの課題（いかに利益を確保するか）が先にあって、それに当てはまるように教育的効果を後付け的に喧伝しているように映る。

6
2018年調査（79の国・地域が参加、そのうちOECD加盟国は37カ国）の結果の中で「読解力」に関しては、必要な情報をどう探し出すか、その情報の信憑性などをどのように判断するか、それらをもとに自分はどう対処するかといった部分において日本の子どもたちの正答率が低かったといわれている。

では、ＯＥＣＤはどんな社会像を描いているのか。それは、ＶＵＣＡ《ヴカ》と表現されている。これからは、変化しやすく（Volatile）、不確かで（Uncertain）、複雑で（Complex）、あいまい（Ambiguous）な社会になっていく、というわけである。しかし、このような「予測不可能な」社会に対応していくために必要なものを現時点でなぜ特定し、準備できるのだろうか。逆に言えば、何もかもが必要なものに見えてもくる。どうなるかわからない状況を前にしている限り、不要なものなどない。あらゆる状況に対応可能にしておく必要があるのだから。そもそも「予測困難な社会のなかでいかに生き抜くか」という前提に立っているのだから、予測が当たらないことも含んでおかなくてはならない。したがって、「必要だ」と言われれば、とにかくその習得に向けて動くしかない。このような状況設定は、教育政策を立案する側からすれば、「何でもあり」の状態といえる。これも必要だ、あれも必要だ、といった具合に、どんどん教育内容が足し算されていく。「基礎的知識」がどんどん増殖していく。

　これは、人々、とくに子どもたちを精神的に追い込んでいく。「何でもあり」のこの状況の中で勝ち残るための競争に乗らざるを得ない。競争に背を向けてそこに入っていかないこと、あるいは、競争に敗北することの不利益が容易に想像できるからである。しかし、競争には必ず敗者が必要なのだから、必然的に不利益を引き受けざるを得ない人々を増産していくことになる。

　ＶＵＣＡに関しては、実は社会全体といった漠然としたものではなく、雇用のあり方のことだと考えればわかりやすい。ＯＥＣＤは、市場が求める能力はつねに変化し、これを身につけ

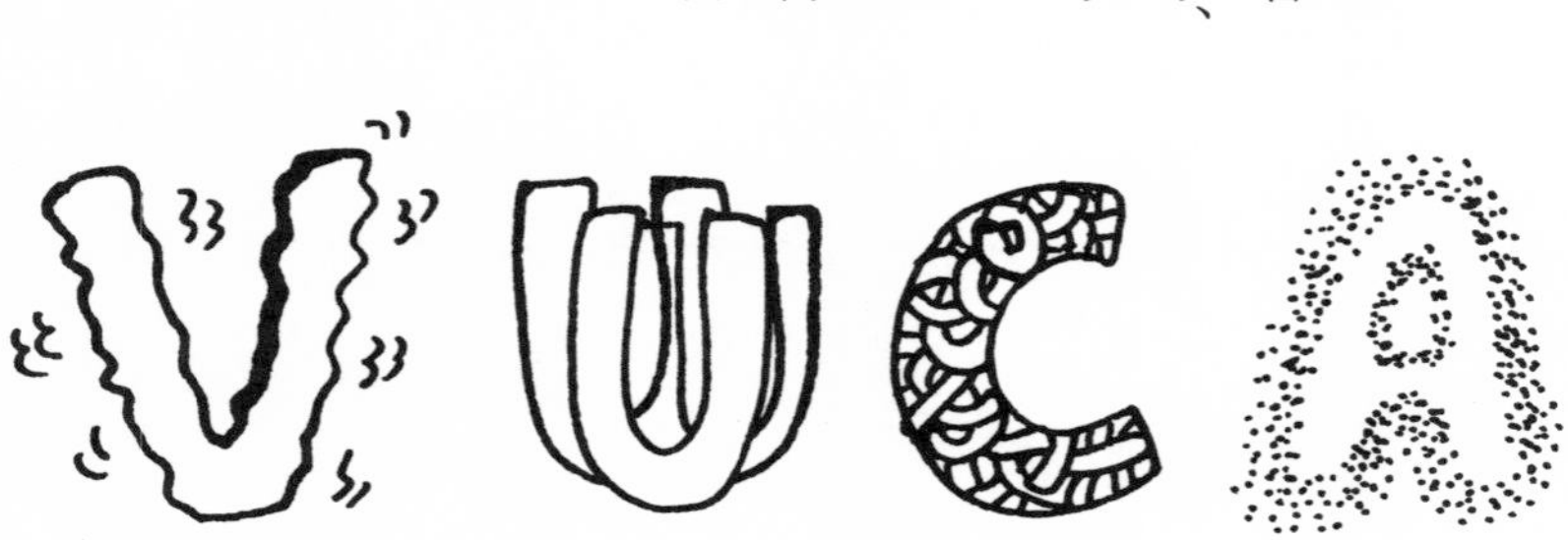

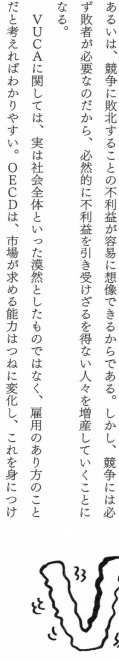

ておけば大丈夫だというような知識・技能はなく、それらはすぐに古くなってしまうのだから、より複雑化した要求に対応できるように日々努力しなければならない、と言いたいのである。雇用されるかどうかは個人がどの程度市場の要求に応えることができたかどうかによるという自己責任論が展開されているわけである。

このような未来社会像は、日本ではここ数年、「Society 5.0」という用語で表現されている。これは、「第5期科学技術基本計画」の中で初めて用いられたものであり、科学技術基本法（1995年制定）に基づいて政府が策定する科学技術の振興に関する総合的な計画である（2016年に閣議決定）。ここでも、今後劇的に変化する社会に対応（適応）していく人材の養成として教育をどのように機能させていくかが教育政策上の重要課題とされている。

なお、Society 5.0 の「5.0」とは、人類社会の大きな変化を次のようにまとめた結果である。Society 1.0＝狩猟社会、2.0＝農耕社会、3.0＝工業社会、4.0＝情報社会、そして5.0とは、人工知能（AI）、ビッグデータ、IoT（Internet of Things）、ロボティクス等の先端技術が高度化してあらゆる産業や社会生活に取り入れられ、社会のあり方そのものが劇的に変わることを示唆する社会だとされている。これへの対応が人材養成という形で教育政策の課題となっているのだが、それらが教育の論理ではなく、産業界の要請に基づくものである点に注意が必要である。この点については後述する。

(2) 教育と雇用のミスマッチ論

このような市場への適応論をOECDは、教育と雇用との間の「ミスマッチ論」として議論している。OECDが教育政策を評価するときに用いるこの「ミスマッチ」という発想は、学校教育に対して、労働市場が求めているスキルを若者たちが身につけられるように改革せよ、と迫るものである。ここでの重大な問題は、失業や貧困、所得の不平等といった雇用をめぐるさまざまな問題をそのまま前提とし、その「解決」というよりも、その状況を勝ち抜き生き残るといった意味での「適応力」の育成を学校教育に求めている点にある。国際的に解決すべき課題となっている格差の拡大は本人の能力に原因がある、といった基本認識がOECDにはある。そもそも学校という公的機関が、なぜ企業にとっての有用性という側面から改革されなければならないのか、という疑問はまるでタブーであるかのようである。このような見解は、たとえば、ずいぶん前になってしまったが、著者も参加者の一人であった2015年12月10日のジャパンセミナー[7]においても明らかにされた。以下、OECD側からの発言をもとにまとめてみたい。

まずは、これまでの仕事の多くはデジタル技術によって置き換えられるとした上で、今後は、知識集約型・データ集約型になるのだから、それに伴い働き方も変化していくと同時に、知識を活用して何ができるかが問題になる、と。したがって、学習と労働環境とを結びつけていくことが大切になる。いまは、大卒者は就職困難、企業は必要な人材を見つけられないというミスマッチが起きている。その解決のためには、学校教育への企業の参加が必要であり、とくに

7 18th OECD/Japan Seminar "Education 2030: 21st Century Competencies"

カリキュラムのデザインには企業が関与していくことが望ましい。格差の拡大は個人の能力に原因があり、基礎的な力がないと格差は拡大する。

このような「ミスマッチ論」を展開した後、日本はPISAの好結果にみるように、社会的・経済的に不利な条件にある子どもたちを含みながらも、教育が効果をもたらしている、との評価が述べられた。OECDによれば、日本の教育政策は「優等生」だとのことである。21世紀の教育のモデルだともいわれている。

しかし、このミスマッチ論は、現実的に教育改革を推し進めていく動因となるだろうか。高校でも大学でも、直接的な職業準備教育をしているわけではない。もちろん医師などのように一定の資格が求められ、そのための専門教育がなされている場合は別であるが。OECDがいくらそれを求めたとしても、現状では、企業が求める能力を大学等が意識的にカリキュラムにしていけるわけではない。カリキュラム化のためには、少なくとも、労働市場が求める能力等が15～20年程度は不変である必要がある。子どもが学校教育を受け始め、計画的に一貫したカリキュラムに従って学習を進め、高校あるいは大学においてその仕上げをすると考えれば、その間に、就職に際して必要な知識・技能が変化してしまったのでは、カリキュラムが編成できない。仮に、大学の4年間だけのことだとしても4年間は不変でなくては困る。1年生は入学時に示されたカリキュラムに従って学習し、卒業していくのだから。しかも、何百種類とある職業のそれぞれに必要な知識・技能をどうすればカリキュラムの中に具体化していくことができるのだろうか。

仕事に必要な知識・技能が明確にあるのなら、就職の際に、そのことを直接問えばよいのであって、学校や学歴はまったく関係がないはずである。仮に、学校教育によってそれが養われるのだとしても、長い期間学校に在籍しているからといってその「能力」が高いとは限らない。学校を介在させることを否定したいわけではないが、実質上、そのようなカリキュラム編成は、すでに述べた理由により不可能なのではないか。

(3) 日本の教育は成功しているのか

なぜ、OECDは日本を高く評価しているのか。たとえば、一クラスの子どもの数はヨーロッパ諸国に比べればはるかに多く、教員の労働時間もOECD各国と比べて飛びぬけて長く、賃金をはじめ労働環境は改善されるどころかますます悪くなる一方であるにもかかわらず、教員たちは真面目に勤務し、子どもたちの成績はきわめて優秀で、犯罪も少ない、という点が挙げられている。皮肉を言われているとしか思えないのだが。

また、公教育には民間の手法が導入され、電子黒板が配置され、タブレット型端末が子どもたちに配られ、英語教育にも熱心、キャリア教育（本来的な意味においてではなく、企業の要求をキャッチするという意味での）も普及し、教育方法とそれに連動した評価の仕方についても（学習指導要領改訂にみるように）全国的に統一しようとしている、そして、校長のリーダーシップが強調され、道徳が教科になることで心の状態が評価対象になっても誰も文句は言わない。OECDの方針からみれば「素晴らしい国」だということになる。

しかし、日本の教育には解決すべき課題が山積していることは言うまでもない。教員の多忙化や子どもたちの自死、いじめや不登校の問題、格差の拡大、貧困等々、多くの問題を生みだし続けている。子どもの自死がこんなに多い状況で、いったい何が「成功」したのだろうか。2018年には年間で300人以上の子どもが自ら命を絶っている。

ここで、山本哲士の次の指摘を引用しておきたい。

子どもの自殺がかわることなく続いている。犯人探しとして教師が告発されているが、教師は不幸な代行者でしかない。子どもを殺しているのは「学校」である。（中略）子どもが死んだのに、学校の体裁だけをはかろうとする営みが平然となされる。線香一本さえあげられなくなっている教師は、完全に人間性を転倒させられてしまっている。学校という規則・規範社会が、子どものために生きていた教師までも悪くさせていく。専門家たちによる委員会調査なるものは、まったく事実を掌握できないでいる。マスコミが、事の次第をしっかり知ることもなく、傲慢に裁判官まがいに人を裁断して正義面している。「社会」総体がおかしくなっているのが現在だ。社会そのものが機能しえなくなっているのだ。
（山本哲士『新版　教育の政治　子どもの国家――学校に子どもを殺されないために』文化科学高等研究院出版局、2009年、41頁）

子どもが死にたいと思うような社会が健全な社会だとは思えない。教員の自死も多い。これは、教育政策の大失敗としてとらえなければならないはずである。しかし、OECDは、教員の精神疾患や自死などの状況に関する調査には積極的ではない。

いったい日本の教育政策のどこをどう評価すれば「優秀」といえるのだろうか。もちろん、OECDも日本における経済格差の拡大を知らないわけではない。しかし、教員の献身的努力によってそれが学力格差に結びつくことを最小限にくいとどめていると分析している。統計的な真偽は措くとしても、そのような「努力」があることは確かだが、それはすでに限界に達している。

表面の数値に見えている「優秀さ」の裏で、いったい何が進行しているのか。思いつくままに挙げれば、競争的環境によって多くの子どもたちや教職員が精神的に追い込まれ、勝っても負けても疲弊し、不登校やいじめはまったく解決されず、国際理解が英語教育にすり替えられ、英語を母語としない圧倒的多数の在日外国人の存在は無視され、かつヘイトスピーチが繰り返され、校長のリーダーシップの発揮が単に「黙って言うことを聞け」という態度に変質し[8]、市民性や倫理の大切さが道徳の教科化による心の統制に読み替えられ、人権問題の解決は期待すべくもなく、学校を卒業しても雇用は不安定、サービス残業や過労死も解決できないまま、といったところだろうか。

(4) ビジネスに寄り添う学校像

OECDは、民間企業が公教育の分野に積極的に入っていくことを求めている。すでに見た

8　2000年に改正された学校教育法施行規則の第48条により、「校長の職務の円滑な執行に資するため、職員会議を置くことができる」とされ、「校長が主宰する」と規定されている。つまり、職員会議(それまでは明確な法的規定はなかった)は、その学校の意思決定機関ではなく、決定権はあくまで校長であり、それを補助・補佐する機関として位置づけられた。

「ミスマッチ論」を問題認識の根底に据えている限り、企業の求める人材を養成するところが学校だということになるのだから、このことは当然の帰結である。ここには、人間を材料（＝人材、人財）とみて、それに訓練を施すといった人間観と教育観があり、投資の対象としての学校観がある。公共と民間とのパートナーシップという枠組みで、民間セクターを教育に入れ、投資の対象としていくというシナリオである。ＯＥＣＤからは企業に投資を促す動きもある。いずれにせよ、いわばビジネスの論理に従った教育計画の推進ということになる。

しかし、その「ビジネス」こそが「格差」を生み、それを正当化してきたのではなかったか。その「格差」を解決しようとするのなら、少なくとも、若者と雇用側との間にスキルのミスマッチがあるという「言説」自体が疑われ、そのような「語り方」を可能とさせているものは何かといった分析がなされねばならないだろう。しかし、そのような疑問は支持されない。

雇用に必要とされるスキルの養成と学校教育とを本当に連動させようとするなら、どういうことになるのか。まず、スキルの内容は職種によって大きく異なってくるのだから、あらゆる職業をスキルという観点から特徴づけていく必要がある。かつ、よりスムーズなマッチングを成立させるためには、それらをすべての子どもたちに習得させることは効率的ではないのだから、かなり早い段階で子どもたちに将来の職業選択を迫ることになる。もし、それが企業に雇用される働き方ではなかった場合、学校はその子どもに何をなしうるのか。仮に企業におけるスキルに絞るとしても、学校はあらゆる職業に対応する知識・技能を提供できなくてはならない。しかも、企業が求める内容は、おそらく毎年変化してくるはずである。なぜなら、そもそも予測困難な社会になるのだと言っているのだから。したがって、その時々の雇用情勢や企業の求めるスキルに応じて教育内容が左右されていくことになる。それは常に変動し続けているのだから、先にも述べたように、それに応じたカリキュラムをつくることは不可能となる。

これに対しては、反論がありうる。具体的に何かができるかどうかといった能力のことを問題にしているのではなく、より広く応用可能な認知能力の獲得が重要なのだ、と。しかし、それならば、なおさら、それらがどのように具体的にマッチングしていくと考えればよいのだろうか。「メタ認知」などという表現も流行しているが、それが何とマッチングし、学校教育によって養成されるとどのように証明するのだろうか。[9]

このように実際に実行しようとすると、かなりの困難が予想されるにもかかわらず、皆、市場的要求に（漠然としたまま）一生懸命に応じようとする。社会の急激な変化やそれによるさまざまな困難が起こることは否定できないが、それは、「適応」すべき課題ではなく、「解消」すべき課題ではないのか。その状況に合わせて学校を改革するのではなく、人々が困難に陥るような社会にならないように改革していく方策を考えるべきではないのか。その改革の担い手となる市民の形成が学校の役割だというのなら、話の筋はよくわかるのだが。

(5) 機械化による多忙化

「急激な変化」や「これまでの職業の多くは消えていく」といった社会認識に対しては、いくつかの単純な疑問が浮かんでくる。ひとつは、本当にさまざまな仕事が機械で代替されてい

9
だからといって、家庭環境も含めて子どもの生活経験全体によってそのような「能力」が形成されるといった議論をすべしと言いたいのではない。むしろ、そのような関心をもつこと自体の危うさを強調したい。

く と前提してよいのか、もうひとつは、教育は一定の社会状況への適応の準備として存在しているのか、ということである。そして、そのような「変化」を望ましいものとしてすんなりと受け入れてよいのかどうかも付随して問われなくてはならない。

たとえば、駅の改札から駅員の姿が消えて久しいが、そのような「合理化」が人々の利便性や安全性にとって望ましいことであったかどうか。機械化は人々に管理・監視の網をかぶせ、かつ、緊急を要するような不測の事態への対応力を低下させた。駅に職員がいなくて不便な思い、危険な思いをした人は多いはずである。科学技術による利点を一定程度認めつつも、少なくともその進展がけっして人間の生きる社会のあり方として賞賛されるものばかりとは言えないことは明らかだろう。機械で代替させてはいけないものがあるのではないか。

また、仮にこれまでの仕事の多くが人工知能（ＡＩ）等によって代替されていくのだとすれば、今までのような働き方をしなくてもその分の生産をロボットが成し遂げてくれる、という社会が実現するということになる。ならば、これまでのように働かなくても、労働時間が短くなってよいはずである。富はロボットが生み出してくれるのだから、何も困らないのではないか。なぜ、そんなに危機感をもって対応すべき事態として脅迫されなくてはならないのか。むしろ、あくせく働かなくとも人々の生活はもっと余裕のあるものになるのではないか。しかし、実際にはそうならない。ますます失業の危機におびえなければならない。

たとえば、これまで人が1日8時間で成し遂げていた仕事の半分がロボットの導入によって達成できるようになったとすれば、人の労働時間は4時間でよいことになるのではないか。なぜ、半分の人間が解雇されることになるのか、あるいは賃金が半分になると考えねばならないのか。このような算術的な単純化はできないことは承知した上で、その発想の方向性を問題としたい。そもそも機械化によるゆとりの創出という謳い文句は、これまでも定番であった。パソコンの導入によって仕事が効率よく進み、いろいろな苦労から解放されるという宣伝がなされていたが、パソコンの普及で仕事が楽になったという話は、あまり聞かない。むしろ多忙化に拍車をかけている。新幹線等の交通機関の高速化が、かえって仕事を忙しくしていることと似ている。

(6) 技術革新を止める必要性

さまざまな情報機器等の導入によって多忙化が解消されると言われるが、果たして本当なのか。実際、学校教育現場の多忙化解消策のひとつとして、パソコン等を駆使したさまざまなシステム開発によって業務の能率化を図ることが推奨されている。このような言説は、教育界にかぎらず随所にみられる。ところが、学校現場はますます厳しく追い詰められていくばかりで、多忙化はまったく解消されていない。むしろ、これまで以上に業務が多くなっている。その要因はさまざまなレベルで分析されなくてはならないが、少なくとも、技術革新等が人々の働き方をゆとりのあるものにせず、かえって苦労を多くするのであれば、そのような革新には一定の歯止めがかけられるべきである。

最先端の技術等を披露して、「未来の子どもたちの暮らす世界はこのようになっていくのだから、もう現在のような学習の仕方では追いつかず、あらたな能力が求められていくのです」などと得意げに説明する人々がいる。しかし、未来の社会は誰がつくるのか。これから社会がどのように変化していくかは子どもたちによるのであって、いまの大人たちが、まるでそれが避けがたい方向性であるかのように一定の状況を設定し、その中でうまく生き残っていけるような「力」「スキル」を子どもたちにあらかじめ身につけさせようと考えること自体が問題である。本当にそんなに「大変な」社会状況になるのならば、そのような社会にならないよう、その技術の普及にはストップをかけていくのがいまいる人間の未来に対する責任なのではないか。いまできることをすぐにやらなくてはならない。その技術が、大きなリスクを含み、複雑で危ういものなのであれば、そのような負の遺産となる可能性のあるものをそのままにしておいてはいけない。さまざまな技術革新を、一定程度は止めなくてはならないはずである。大人たちがやれることがあるとすれば、この点なのではないか。

　しかし、グローバル化のなかで生きていくという時代設定の下では、わたしたちは、予測不可能で漠然とした未来に向けて、とにかく生き残り競争に勝ち抜くことを中核に据えた成功物語を、キョロキョロとまわりをうかがいつつ追い求めていくしかない。皆、その競争に「乗らない」ことによる不利益を想像し、スキル獲得競争に駆り立てられていく。これでは、精神が参ってしまう。[10]

　技術革新の進行に歯止めをかけることには、現実味がないと思う人は多いだろう。しかし、たとえば、地球温暖化をめぐっては、科学者の間でも見解は一致しておらず、二酸化炭素の排

10
AIとの生き残りをかけた状況にどう対応していくのか。斎藤修、古川純子編著『分水嶺にたつ市場と社会』(文眞堂、2020年)において、この点が分析されている。たとえば、労働者として市場に残ろうとすれば、AIとの競争になるのだが、それはAI導入のコストと人件費との比較衡量にもよるだろう。これは、高い専門性をもつ者は企業との契約を安定的に結べ、そうでない者は、低賃金労働を余儀なくされるという二極化をまねく。また、起業するという選択肢(ユーチューバーなどのインターネット前提の社会ならではの職業も含めて)もありうる。あるいは、貨幣収入のみに頼らず、地域通貨の例にみるように、社会連帯経済などの発想で生きていくことも考えられる。この点に関しては、工藤律子『ルポ 雇用なしで生きる』(岩波書店、2016年)も参照されたい。

出が温暖化の原因であるということさえ、少なくともその「可能性がある」という程度にしかわかっていないにもかかわらず、国際的な取り決めがつくられ、各国の経済活動等に一定の制約をかけようとしている。問題となっている二酸化炭素の排出量がどのように測定できるのかということさえ、明確化はされていないとの指摘もある中でこのような国際的な規制が可能であるのなら、AIなどの進展に一定の歯止めをかけることなどたやすいはずである。ところが、そうはならない。これは、明らかに政治判断の問題であり、ビジネスの問題である。

しかし、責任は政治にばかりあるのでもない。むしろ、わたしたち自身が、事態の進行にあまりに無頓着なのではないのか。

あの「3・11」のころを思い出してみたい。

節電がさかんに呼びかけられ、蛍光灯がひとつ置きに外されたオフィスは多い。エアコンの設定温度なども神経質に調整されたりもした。ところが、かなりの電力を消費しているパソコンを一斉に切りましょう、といった呼びかけはなかったように記憶している。ある試算によると、パソコンで2回検索するとやかんでお湯が沸かせるくらいの二酸化炭素を排出するとのことである（2011年4月18日付朝日新聞、「私の視点」の記事による）。かなりの電力消費である。そもそも原発がなければ十分な電力は供給できないといわれていたはずなのだが、現状はどうだろうか。仮にその科学的真偽は措くとしても、3・11以降、社会全体として節電に取り組んできたわけではないことは確かで、オール電化の住宅の見直しも聞かなかったし、自動車も電気で走る時代を迎えつつある（もちろん、化石燃料をどんどん使えばよいと言いたいのではない)。

こうして、わたしたちは、自らを苦しめている発想にますます近づき、そこから逃れられなくなっている。ここで確認してきたような社会観・教育観を批判的にとらえていく見方が必要なのだが、むしろ、技術革新に合わせて、その準備としての教育(スキル獲得)に関心が向けられていく。確かに、社会の変化が技術的分野の進展によって激変するという未来社会観を前提とするならば、「準備」として教育をイメージすることがふさわしいかもしれない。この場合の「準備」は、個人的な観点(スキルを身につけて就職するというような)ばかりではなく、もっと広く国家全体の関心事としても重要な視点となっている。

3 教育を通した「成功物語」

(1) 成功・成長の物語

第二次世界大戦の敗戦後の混乱期を抜け、日本は、急速に経済成長を遂げた。「高度経済成長期」と呼ばれたこの時代にあっては、経済分野に限らずすべての事柄を「右肩上がり」の成長直線に乗せて見通そうとする思考のあり方がふつうだったといえよう。今日の経済状況と比較すれば、少なくともバブル経済崩壊後に生まれた世代にとっては、同じ国の出来事とは思えないような感覚になるのではないか。

しかし、1950年代後半から70年代・80年代と続く時代は、いまから振り返れば、けっして順調に「成長」していたわけではない。教育に関しても、制度的に整備されたかに見えて、その実態は格差や差別構造の創出とその維持・強化であった。学校で成功することが将来を約束するのだから、「いい学校を出ていい企業に勤める」ことを求めて、人々はそれぞれの、実は似たり寄ったりの成功物語を追い求めることになった。70年代には「落ちこぼれ」が問題とされ、補習を中心とした学習塾通いも増えていった。

こうして「成功」のあり方についての典型がつくられていった。同時に、それぞれの「個性」による違いも強調されたが、ここでの「個性」は、典型的な成功からの偏差（あるいは離脱や失敗）に対する言い訳のように受け取られることが多かったのではないか。皆が同じ幸福を求めているときに、しかもそれが当然の価値として疑われずにいるときに発せられる「個性的な人」という表現は、けっして誉め言葉とはならない。

「右肩上がり」の成功物語は、受験制度の精緻化によって定着していった面もある。受験のハードルを越えなければ次に進めないという形での学びの制度化によって、階段を一段一段上っていくイメージが自然とつくられていった。ここには学びに関する「権利」という発想が入り込む余地はない。というよりも、受験が権利を保障しているといった誤解・錯覚が蔓延したといえるだろう。入学試験がある限り、誰かが不合格になる。しかし、そのことが、実質上学びの機会の剝奪になっていることが問題にされることはなく、皆、合格を目指し自己責任にお

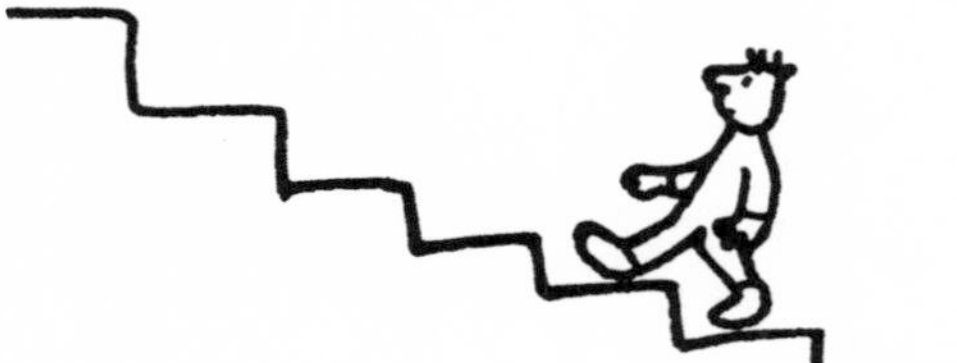

いて努力させられていく。そもそも教育への権利を主張し、実行しようとするときに、なぜ受験という条件を課せられなければならないのか。ところが、このことを問題視しようとすると、「勉強したくないから、そのようなことを言っているのだ」と責められる。むしろ、勉強したいと思っているから言っているにもかかわらず、である。つまり、「がんばる」ことでこそ報われるのであり、そうしないことは否定的にとらえられるのであり、これは今日でも変わっていない。たとえば、「我慢が足りない」、「怠惰である」といったような個人攻撃によって、人として価値がないかのような、尊厳を踏みにじられるような扱いを受けることになる。第1章でみた「不登校」の問題は、このような戦線からの離脱として位置づけられ、共有すべき（暗黙の）価値への挑戦として敵視されることになるわけである。

(2) 人材養成という発想

なぜ、このような攻撃的発言がまかり通るのか。それは、学校教育が経済成長のための人材養成機関として位置づけられていったからである。そこから離脱すること、あるいはこのような構造自体を問題視することは、「物語」を破壊する行為であり、「国の豊かさ」に貢献せず、「幸福」に生きようとすることを阻止する危険な思想として位置づけられていく。

高校入試に関して言えば、1947年の文部省（当時）による「新学校制度実施の準備に関する件」等にみるように、戦後の教育改革の中では、高校は希望する者全員を収容するに足るよう将来、拡充していくべきとされ、入学希望者をできるだけ多く収容することが望ましいとされていた。また、選抜自体は望ましいことではなく、経済が復興して、入学希望者を受け入れられるだけの施設が用意されればなくすべきものと考えられていた。

要するに、財政的な問題として収容できる定員に限りがあるので、いわば仕方なく入試をしていたというわけである。もちろん、選抜がなぜ学力によるものでなければならないのかという点において疑問はあるものの、入試を否定的にとらえていたことは確かである。

ところが、60年代に入って事情が一変する。1963年に出された経済審議会答申「経済発展における人的能力開発の課題と対策」において、経済発展に役立つ数パーセントのハイタレントと多数の中堅技術労働者の養成が学校に求められることになったのである。同じ時期、1961年には中堅技術労働者養成として高等専門学校（5年制）が創られ、62年から生徒を受け入れ始めていた。[11] ここにおいて、財政的、物理的な制約からやむなく入試を行うという発想から、より積極的に、高校教育を受けるに足る「学力」のある者を選抜するといった「適格者主義」の発想へと、その制度設計の基本理念が変化したといえる。60年代後半には、産業構造の変化に合わせるようにして、職業教育を行うために高校が多様化（普通科と職業科に分化）していくことになった。

このように、子どもたちは人材として、経済発展に役立つ材料として変質を迫られるようになった。材料なのだとすれば、それは用途別に仕分けされていたほうが便利である。それぞれにその形や性能等の性質が均一でなくては使い勝手が悪い。たとえば、ネジの長さや形がばらばらのままひとつの箱に入っていたのでは能率的な作業はできない。それは過不足なく製造さ

11 学校教育法第115条によれば、高等専門学校は「深く専門の学芸を教授し、職業に必要な能力を育成することを目的」としている。修業年限は5年（商船に関する学科は5年半）で、入学資格は、高等学校への入学資格と同じである。ただし、高等専門学校は後期中等教育機関ではなく、大学と同じ高等教育機関として位置づけられている。

れ、分類して用意されていなくてはならない。このような材料の用意とそれを使っての製造工程では、一定の時間内で一定の目標を達成するように計画が練られていく。そこでは、いわばＰＤＣＡサイクル[12]の発想で管理していくことが合理的となる。学校が入試をハードルとした適格者主義となり、多様化していくのは、このように子どもたちを分類していくためである。子どもの個性に応じた学校をつくると言われれば、悪いことではないように映るが、何が「個性」と呼ばれ、それに応じる教育とはどんな内容で、何のためなのかを吟味していかなくてはならない。そうしなければ、子どもや保護者の側の勝手な思い込みと政策意図とが乖離していくばかりである。

そして、何よりも「人材」である限り、「役に立つ」ことが求められる。したがって、その役立ちの度合いによって処遇に差が設けられることが正当化されていく。そして、それが「平等」だとされていく。これは、実は高度経済成長期において顕著になってきたというわけではない。たとえば、文部省（当時）が１９４８年に刊行した『民主主義』という「教科書」には、次のような記述がある。民主主義社会をどのように理解しているかがよくあらわれているので、やや長くなるが引用しておきたい（文部省『民主主義―文部省著作教科書』径書房、１９９５年、29〜30頁）。

人間の平等とは、かように、すべての人々にその知識や才能を伸ばすための等しい機会を与えることである。その機会をどれだけ活用して、各人の才能をどこまで向上させ、発揮

12
ＰＤＣＡサイクルとは、Ｐｌａｎ（計画）‐Ｄｏ（実行）‐Ｃｈｅｃｋ（評価）‐Ａｃｔ（改善）cycle のことで、生産工程における品質管理などの改善を目的としている。これが、今日では学校評価などで盛んに用いられている。学校での教育を工場による製造過程と見立てていることがよくわかる。子どもたちは、学校で日々「生活」しているのであるから、この手法の適用がふさわしくないことは明らかである。

させて行くかは、人々それぞれの努力と、持って生まれた天分とによって大きく左右される。その結果として、人々の才能と実力とに応じた社会的地位の相違ができる。それは当然のことである。だから、民主主義は人間の平等を重んずるからといって、人々が社会的に全く同じ待遇を受けるのだと思ったら、大きなまちがいである。すぐれた能力を持つ人、学識経験の豊かな人と、無為無能で、しかも怠惰な人物とが、全く同じに待遇されるというようなことでは、正しい世の中でもなんでもない。それは、いわゆる悪平等以外の何ものでもない。公正な社会では、徳望の高い人は、世人に推されて重要な位置につき、悪心にそそのかされて国法を破った者は、裁判を受けて処罰される。むかし、ギリシアの哲学者アリストテレスは、人間の価値に応じて各人にそれぞれふさわしい経済上の報酬と精神的な名誉とを分かつことが、正義であると説いた。民主主義的な正しい世の中は、人間のねうちに応じた適正な配分の上にうち立てられなければならない。

これは、民主主義を普及する文部省著作の教科書としてつくられたものであるが、この認識をみる限り、人権が尊重され、安心して過ごせる社会が構築されようとしていたとはとても思えない。結局、競争をして、誰かに「能力がある」と認められるために勉強をするという枠組みが確認されているに過ぎない。そもそもいったい誰がある人を「能力がある」あるいは「無為無能」だと判断し、また「徳望が高い」と判断するのだろうか。権力的で専制的な社会状況が公正とされ、格差を当然とする社会が、民主主義の名で語られているのである。

(3) 不安定な「成功」

有能な人材として認知されるために、より高い学歴が求められている状況において、職に就く際に学歴はまったく何の影響もない、と言ったとすれば、多くの人は違和感をもつだろう。しかし、大卒のほうが就職するのに有利だということをどのように説明できるだろうか。学校での経験や習得した知識が、働くことに関して一定の意味をもちうることがあったとしても、それはあくまでも後付けの理由に過ぎない。

たとえば、社会経験の多さなどに着目して、大卒者を有利とする見方はありうる。しかし、その場合は、年齢の差に過ぎず、学歴の問題ではないのではないか。むしろ、高校・大学へと進学し、一般の社会生活とは切り離された環境の中で多くの時間を過ごしてきた者が、本当に社会経験が豊かといえるのか。

あるいは、競争に勝ち抜いた証拠として学歴を利用し、その競争心や忍耐を必要とする受験勉強に不平も言わずに従った精神力が評価されて就職が有利となるのだ、という説明もありうる。いわばその学習内容というよりも「がんばる」こと自体に価値を置く人間となっている点を評価する、というわけである。ここには、皮肉以外の意味を見出せない。[13]

さらには、学閥などによって取引が有利になりうるので、いわゆる有名大学を卒業した者が就職に有利になるとの説明も聞くことがある。グローバル経済における取引がそんなに「甘い」ものとは思えないが。

これらのことに関しては、これまでもいろいろと統計がとられ、さまざまに説明もされてき

13
雇用関係の中で「努力」がどのようにつくり出され、評価されていくのか、規範化されていくのかは重要な議論である。これについては、今井順『雇用関係と社会的不平等』(有斐閣、2021年)を参照されたい。

た。仮に、何らかの要因によって大卒が合理的観点から見て中卒よりも就職しやすくなるべきだということが明確になったのだとしたら、それこそ、権利侵害として大きな社会問題にしなければならない。学ぶことは権利なのであるから、その権利行使の仕方次第（学校経験の長さ）で生活のあり方、就職の機会に格差が生じてしまうのは、おかしなことである。それでは「権利」とは言えない。しかし、その方向に課題意識は進まず、有利だとされる道に皆進もうとする。

冷静になって考えれば、現在の不安定な雇用情勢、「非正規雇用」が常態化し、「正社員消滅」とまで言われている今日、「がんばって」「ほめられて」「がまんして」「より長く」学校にいることによって安定した生活が保障されるなどと信じることはできない（竹信三恵子『正社員消滅』朝日新書、2017年を参照）。しかし、「成功」するために払う代償があまりに大きいので、そう信じることでしか精神を安定させることができないのではないか。

(4) 明治維新が求めた人間像

このような人材の養成、また、いわゆる立身出世といった価値観は明治維新にさかのぼって確認できる。

福沢諭吉は『文明論之概略』のなかで西洋と日本との文明を比較し「日本の文明は西洋の文明よりも後れたるものと云はざるを得ず」（『文明論之概略』岩波書店、1995年、229頁）と明言していた。[14] 彼は「文明論」を「人の精神発達の議論なり」（同書9頁）と規定し、文明

14 山住正己編『福沢諭吉教育論集』（岩波文庫、1991年）も参照。

には外形的なものもあるが、まずは精神を学ぶべきだと論じている。文明の遅れた日本が西洋諸国に制圧されないように、独立を脅かされないように、そして対等な地位を得られるように、西洋文明を学び取らねばならないとしたのである。このような教育は、「日本国民」を創り出し、統一した国家を形成していくためには不可欠とされ、教育は、国家の権力下に統治行為として政策化されていくことになる。[15] 1871（明治4）年の廃藩置県直後に文部省が設置され、翌年には「学制」が発布されて、あたらしい国民教育が構想されていった。

そこではどんな人間の育成が目的とされたのか。そのことは、学制序文として布達された太政官布告「学事奨励に関する被仰出書《おおせいだされしょ》」に記されている。

以下に最初の部分のみ引用する。

> 人々自ら其身を立て其産を治め其業を昌にして以て其生を遂るゆゑんのものは他なし。身を脩め智を開き才芸を長ずるによるなり。而て其身を脩め智を開き才芸を長ずるには学にあらざれば能はず。是れ学校の設あるゆゑんにして日用常行言語書算を初め士官農商百工技芸及び法律政治天文医療等に至る迄凡人の営むところの事学あらざるはなし。人能く其才のあるところに応じ勉励して之に従事ししかして後初て生を治め産を興し業を昌にするを得べし。されば学問は身を立るの財本ともいふべきものにして人たるもの誰か学ばずして可ならんや。

15 バートランド・ラッセル（1872〜1970年）は、「日本の教育の目的とはその感情の訓練を通して国家のために身をささげ、かつその獲得した知識によって国家に役立つところの臣民を生み出すことにほかならない。」と述べている。（堀秀彦訳『教育論』角川文庫、1954年、47頁）

この「被仰出書」には、空理虚談を廃して実学を重視すること、学問は立身のための「財本」であること、村にも家にも学ばない人がいないようにすること、学校で学ぶことは自分の生活を豊かにするものなのだからその費用は国ではなく各人が負担すべきであることが書かれている。一般に、個人主義・実学主義・功利主義を特徴とする国民皆学の教育制度が謳われているとされる。また、富国強兵・殖産興業を政策の柱とする国家に役立つ人材養成が、学校を通しての立身出世という個人の問題として書かれている。[16]

しかし、このように個人主義的だからといって、それをそのまま主体性重視の教育観であったとすることはできない。あくまでも幕藩体制下での教育のあり方ではなく、西洋の知識・技能の伝達を媒介として、あらたに世界に伍する国家となるための諸政策への理解と協力を取り付けようとしたのである。ここで重要なことは、人々の生活のあり方に着目させることで、国家的な目的を個人化したことである。

なお、明治期における教育制度のあり方は、知育・徳育のあり方なども含め、簡単に言い切ってしまえるほど単純な歴史ではないことはもちろんである。ここでは、学ぶことが個人の生活にとっても、国家にとっても役に立つのだという前提が設定され、そのことが価値あることとして少しずつ人々に受け入れられていく点が、明治の時代においてすでに確認できるということを示すのみにとどめたい。[17]

16
学校設置の観点から見れば、次のようになる。全国を8つの大学区に分け、その1大学区を32の中学区に、1中学区を210の小学区に分け、それぞれに大学、中学校(藩校などを基礎とする)、小学校(寺子屋を基礎とする)を設置しようとするものであった。これは、初等・中等・高等の各段階の学校制度を全国的に実施しようとする計画である。この計画に基づくと、果たして小学校は全国でいくつ設置されることになるのか、計算してみてほしい。なお、現在は、ほぼ2万校である。

（5）要求に応じる力としての「学力」

このように国の諸政策に従属する形で教育制度がつくられていく点、そして、国家の経済成長があってこそ人々の生活の安定があるのだという錯覚は、今日も変わることはない。ただ、その「成長」のために何が必要とされているのか、その内容が時代によって変化しているだけである。その内容は「基礎学力」として学校を通して刷り込まれていく。実際には、求められている知識内容をのちになって忘れてしまってもまったく問題がない点はすでに確認した通りである。あくまでも、学校という制度を通して、必要だといわれているものを競争的に獲得していく過程自体を価値として疑わずに受け入れ、それに対して必死に努力しようとする姿勢が身につけばよいのである。そのことが就職に際して重視されているということは、皮肉が込められている場合も含め、以前から言われていたことでもある。与えられたカリキュラムに沿って、自分のやりたいことを犠牲にしてでも関心があるわけでもない内容の習得（そして、そののちに来る受験競争）に邁進する姿は、まさに企業の業績向上を第一と考える労働者の育成となるのだろう。

教育制度の目的が、実際には国家の経済成長なのだとすれば、そしてそれを前提とした雇用情勢とのマッチングなのだとすれば、そこで重視される「能力」や「学力」といわれるものは、つねに「求められる能力」として語られることになる。そして、その期待にいかに応えたかによって測定されるものが「学力」ということになる。ここには、子どもたち個々の多様な姿を尊重しようとするまなざしはない。子どもたちの多様性は、あくまでも経済界から要請された

17 学校教育の実利的動機に関する次の指摘は、今日にも通じている。「学校は、小学校から大学まで、有用の知識を学ぶ場所であり、学習に成功するものは、それだけ国家社会に寄与することができるたてまえである。だから国家社会は、学習の成功者たちに、その成功度に応じて地位と仕事とを与えることになっている。」（勝田守一、中内敏夫『日本の学校』岩波新書、1964年、34頁）

姿に変えていく際の素材のばらつきとしてしか認識されない。素材はなるべくそろっていたほうが加工しやすいのだから、入試で一定程度の範囲内に絞り込んでおくことはきわめて合理的な行為となる。また、後に述べるように、子どもを材料とみなしている限り、学校はつねにそれらを分類しようとする誘惑から逃れられない。[18]

なお、経済活動はある意味では自由な活動なのであり、国境線を容易に越えていく。そこで、いわば個人主義的な、自由な、同時に競争的な活動とは別に、精神面での国家的な動員体制をつくり上げておく必要もある。実際、東西冷戦といった国際情勢を背景に、閉鎖的なナショナリズムに基づく教育改革（案）が戦後間もなくの段階から主張されていた。これについては、第4章でふれる。

(6) 競争自体の目的化

教育（制度）は、人々にひとつの成功の道を示し、それ以外の生き方を忘れさせることに懸命になっているようにみえる。一方、保護者や子どもも、求められる学力像があいまいなものであるにもかかわらず、あるいはそれだからこそ、その「成功」のために何をすればよいのかを探ることに懸命になる。そのための情報収集に躍起となり、さまざまなルートを使ってそれを手に入れることのできる者が圧倒的に有利になっていく。

不登校を問題視したり、基礎的知識だと称して勉強を強要したりするのは、学校で提示される知識・技能自体が重要だからというよりも、「これが重要だ」と言われたものに対して努力

18
1979年のいわゆる「養護学校義務化」は、障害児を教育制度の中に組み入れながら「排除して加工」しようとする意志のあらわれとみることができる。この点は、第3章でみていく。

して取り組み、一定の成果をあげようとする姿勢を、すべての子どもたちが価値あることとして肯定していくことが求められているからである。極端に言えば、内容は何でもよいということになる。すでに述べたように、多くの大人たちは、学校で学んだ知識内容の多くを忘れてしまっていても、平気で社会生活を営んでいるのだから。

しかし、不登校は、このような努力に価値を置いていない状態とみなされる。仮に不登校である子どもの「学力」が高かったとしても、人々の不安は消えない。逆に、学校に通っていれば、たとえ「学力」が低くとも大きな問題にはならない。学校には「努力点」という、慣習化された不思議な加点制度がある。要するに、成績が良いかどうかということよりも、学校が求めるものに対して疑わずに、競争的な環境において必死に努力してそれを獲得していくことに大きな価値を置いていればよいのである。[19]

この環境で実際に「良い成績」を収めるためには、学習塾に行く、あるいはさまざまな参考書を購入するということになるだろう。これには、けっして安くはない一定の支出が伴う。家庭の経済力によって成績が左右される可能性が高いことになるのだが、それに不満を表明する者は稀で、子どものために「投資」を惜しまない親が素晴らしいとされる。親も子も「がんばって成功する」ことを目指し、学校は、それを大きな価値として提示し続けている。

このような状況の中、学力格差の解消に向けて、多くの子どもが学習塾に通えるような補助金等の施策が発想される場合がある。個人間での投資競争をあおるばかりで格差はまったく解消されるはずはないにもかかわらず一定の支持を得るのは、それがより一層の努力をさせるた

19
努力したかどうかは、それを評価しようとする者の基準によって変化しうる点も問題ではある。しかし、それよりも問題なのは、努力するかどうかは個人の自由であって、他者から褒められたり、注意されたりするようなものではないにもかかわらず、学校教育ではとても高い価値が置かれている点である。

めの呼び水になるからであろう。あきらめかけていた親と子に、努力すれば競争に勝てるかもしれないという幻想を抱かせることになる。

日本での「学力」問題は、「競争」と「努力」というキータームとともにある。単に「成績が良い」だけでは十分ではなく、それは「努力によって競争に勝った成果としての良い成績」でなくてはならないのである。

それにしても、非正規雇用がこれほど増え、また正規雇用だといっても安定した状況にはなれず、過労死も問題となっているにもかかわらず、学校での成功がその後の生活を保障してくれるという神話は根強く生き残っている。「うちの子は勉強が嫌いなわけではないのに、なかなかそれが成績に反映されない」と悩む保護者も多い。どうすれば、このような悩みから脱することができるのか。「嫌いではない」のなら、それはそれでよいし、「成績」はそれを付ける者次第でどうにでもなるものなのだから、子どもの努力とは関係がない。

(7) 生産性という発想

これまでみてきたように子どもや保護者が追い立てられる現状をどう認識し、どう問うていくか。このこと自体は、実はそれほど難しいことではない。なぜなら、すでに1970~80年代に盛んに提示されていた認識と重なっているからである。たとえば、エヴァレット・ライマーは、「産業制度の諸目標―産出量の増大、それにともなう消費の増大、技術の進歩、それを支える諸々の公共的イメージ―と人間生活との間に整合性があるとする信念を我々が捨てない限り、我々の全生活がこれらの目標に従属させられてしまう」と警告していた。もしその信念を捨てないならば、「我々の欲求は産業制度のニーズに従って管理されることになる」とまで明言している。そして、「教育も産業が必要とする方向に適応させられる。産業制度が要求する規律が、社会の慣習的な道徳律になる。そのほかの目標はすべて、特殊なもの、重要でないもの、あるいは反社会的なものと思われるようにされてしまう」と、まさに今日、教育が置かれている状況を説明していた（エヴァレット・ライマー『学校は死んでいる』松居弘道訳、晶文社、1985年、127頁）。

私たちの多くは、この産業社会が要求する生産性・能率性に囚われている。工場での生産過程で重視される発想（たとえばPDCAサイクルなど）が、通常の社会生活の領域にまで流れ出し、生活のあり方を支える価値となっていないだろうか。コスト・パフォーマンス（費用対効果）という用語が教育関係の諸施策のなかでも盛んに使われるようになって久しい。このこと自体が、教育を能率的に考えようとする発想をよく表現している。この価値に私たちは囚われている。そして、その価値の伝達の場として学校が有効に活用されているのではないか。一定の規律の下、一定の時間内に一定の成果をあげなければならない点は、工場も学校も変わるところがない。このままでは、子どもたちは学習の「主体」ではなくなる。つまり、権利として教育をとらえる発想は消え、子どもたちは「権威への恭順」、「無批判な知識の消費」を強要され、「上から課せられる思想（支配的文化を述べたてる諸観念）や外部からもちこまれる思想（文化帝国主義が撒きちらす思想）に無抵抗になっていく」だろう（ピーター・メイヨー『グラムシとフレイレ』里見実訳、太郎次郎社エディタス、２０１４年、92頁)。

4　学力は個人のものなのか

(1)　問題の個人化傾向

現在、日本における教育課題へのアプローチとして特徴的なことは、問題を(とくに心理主義的に)個人化してしまい、なぜ、そのような課題が生み出されるのかといった構造への問いかけが成立していない点にある。これは、第1章の不登校の問題を検討する中で繰り返してきた。他者との競争的環境の中に子どもたちを投げ込み、その結果を自己責任として問おうとする発想が一般化してきている。そのなかでも学力向上はいわば「万能薬」である。経済政策の問題である「貧困」さえ、学力によって克服できると言われているのだから。近年、「支援」という語が付いた法律(案)が目立つが、その支援の対象は「個人(の努力)」であり、そこからは社会的課題は出てこない。結局、競争に勝った者が貧困等の問題状況から抜け出せるという「幻想」が支持され、社会的な課題としてその問題を位置づける見方は失われていく。

私たちは「学力」を個人のもの(個人所有)としてとらえる見方から抜け出せないでいる。個人の努力に課題解決の方法を求めていけば、公的な(資金)援助などは必要がなくなってくる。福祉や子育て、教育分野への国家予算を抑制しても、どこからも反発は来ないことになる。他者に頼ることは「自立」ではないとされ、自らの努力で解決すべきであり、それができないのは努力不足である、とする見方が正当だとされる。こうして、たとえば生活保護等を受けることが非難の対象にさえなってしまう。

今日では、新自由主義的発想、すなわち人間の諸活動をすべて経済的行為としてとらえる見方とそれに基づく諸政策がこのことを後押ししている。ウェンディ・ブラウンは、「教育、郵政、公園、道路、社会福祉から監獄と軍隊にいたるまでの公共財の民営化と外注化、累進課税制を逆進制に置き換えること、（中略）大学受験の準備から人間の臓器移植（中略）、行列を避けることから飛行機のなかで脚を伸ばす空間を確保すること、（中略）人間の欲求または欲望のすべてを有益な事業に転換すること」として新自由主義を説明している（中井亜佐子訳『いかにして民主主義は失われていくのか』みすず書房、２０１７年、23～24頁）。これが人々の行動を支える価値として受け入れられていくことで、あらゆることが、「経済の用語と評価基準によって表現され、測定される」（同書、2頁）ことになる。このことは、ＰＤＣＡサイクルやコスト・パフォーマンスという用語にあらわれ、学力テストにおける点数向上は言うまでもなく、学校教育全体が数値目標によって管理されるようになっていることからもよくわかる。

将来はどうなるかわからないと常に脅されている状況下にあっては、少しでも「確実な」ものを得たいという気持ちになる。その意味では、テストの点数や学歴は「見える」のでとてもわかりやすい。学校側も経営戦略のひとつとしてそれらの「実績」を利用し、消費者化した保護者にアピールしていくことになる。[20]

(2) 教育と生きる権利との関係

教育は権利であり、いつ、どこで、何を、どのように学ぼうが、誰からもそのことについて良し悪しを言われるようなものではない。このことは、第1章で確認してきた。しかし、学歴と就職が結びつけられ、そのことを、たとえしぶしぶであったとしても認めることは、本来自由なはずの教育への権利を侵害することになる。なぜなら、ある一定の方向で「権利行使」した者だけが有利な立場を獲得する差別的システムを承認することになるのだから。高校や大学に行こうが行くまいが個人の自由であるにもかかわらず、進学した者が就職等で有利になってしまうのでは、進学は「自由」な選択・権利ではなくなり、実質上、行かざるを得ない生きていくための条件と化してしまう。

日本国憲法はもちろんのこと、国際条約等においても保障されている生存権が、学歴の如何によって左右されることはあってはならない。その人が何をどのようにいつまで学習したかといったことが、人として安心して生きていけるかどうかに影響してしまう状況は、生きる権利の侵害といえるだろう。ある一定の条件を満たさなければ生きていけないという状況を放置してよいはずはない。いま貧困問題は深刻であり、その解決が急がれる中で、生存を危うくするような貧困状態の解決を、学力向上をもって成し遂げようする発想がいかにひどい人権侵害であるかがわかるだろう。[21]

20 規律重視の傾向がこのような新自由主義的教育政策下において進行していくことも明らかになっている。この点については、クリスティ・クルツがエスノグラフィの手法でイングランドの学校を分析した結果によく示されている。(仲田康一監訳、濱元伸彦訳『学力工場の社会学』明石書店、2020年)

21 2013年に子どもの貧困対策の推進に関する法律が制定され、「子供の貧困対策に関する大綱」(2014年8月に初めてつくられ、2019年11月に見直された)が閣議決定された。そこには経済的支援策として、教育に関しては、授業料の無償化や奨学金などの対策も盛り込まれているが、少人数での指導等、学力向上も貧困対策として位置づけられている。

これまで述べてきたように、学校で「成功」することがその後の生活を保障するかのように信じられているのだから、学力の向上で貧困（の連鎖）を解決しようと考えてしまうのも仕方がないかもしれない。そのように考えなければ、「成功物語」が破綻してしまう。しかし、貧困から抜け出すための学力向上は、実際には幻想に過ぎない。冷静に考えれば、「貧困」が「学力向上」（ここでは学力テストに代表されるような点数として測ることのできる競争的な環境での序列化で上位に位置づくことを意味する）で解決されるはずがないことはすぐにわかる。なぜなら、その「学力」こそが「貧困」を生み出してきたのだから。その人の「学力」（学歴が端的な指標として使われる）が、就職の機会に結びつくなどして、その個人の経済生活を安定化させる方向に作用するのだとすれば、そのような結びつきを許している社会のあり方を問題にしなければならない。[22]その人の努力によって仮に貧困状態に陥らなかったとしても、競争に敗れた別の誰かが貧困になるに過ぎない。誰かが学力向上に失敗し貧困のままでいてくれなければ、その人は「学力」によって他を蹴落として貧困から抜け出すことはできない。別の言い方をすれば、「学力」がどの人にも保障されてしまったのでは、その「学力」によって貧困を解消することはできない。「学力」の向上によってある人々の貧困が解消されるとすれば、その「学力」が同時にある人々の貧困を生み出し続けていなければならないのである。これは、自分たちを苦しめてきた指標に自ら進んで乗ってしまい、そこで「成功」しようとする「自発的隷従」状態である。

教育の機会が拡大しているにもかかわらず、なぜ社会階層による格差構造が再生産されてい

22　そもそも、現実問題として貧困は今の問題なのであって、学力向上によって高学歴を得て、よい収入を得られる企業に雇用されるとしても、それまでには何年もかかるのだから、何ら問題は解決されない。

くのか、1960年代以降、さまざまな研究がなされてきた。しかし、格差を付けていくのが学校という制度なのだから、その機会の拡大は、より一層、全員参加で格差の維持に貢献させられるだけである。格差のピラミッド構造の中での各層のメンバーチェンジは多少行われるかもしれないが、格差を皆が納得して受け入れていくために学校ではさまざまな「経験」が配置されている。したがって、なぜ再生産されているのかという問いへの解答は、どうしても現実をなぞることになっていく。もちろん、再生産の仕組み（各国によってさまざまに分析されているが）の解明という点に関しては、研究として一定の成果があげられている。その研究成果を基に、現在のわたしたちは教育についていろいろと語ることができている。が、これについては、細かい仕組みがわかっていなくとも、実態としては皆知っている事実である。むしろ、なぜ教育への機会が拡大すると格差がなくなると思ったのか、その仕組み（仕掛け）を課題にしなくてはならない。つまり、本書が一貫して問題にしている自発的隷従がなぜそれと意識されずに進行していくのか、という点である（なお、ここでは、教育への機会の拡大自体を否定しているわけではない）。

このような罠にはまってしまうのは、「学力」や「貧困」を個人の問題として設定しているからではないか。その前提で教育への権利保障が語られていくとすれば、「学力」によって人々の扱いに差を設け貧困状態にまで追い詰める社会のあり方は免責されてしまう。学校は、人々を自己責任論のなかに引きずり込むための装置と化していく。貧困の解決が学力向上によって可能なのだとすれば、学力向上こそが子どもたちの「権利」として語られることになる。

競争に子どもたちを投げ込み、「この子にも競争の中で苦しむ権利がある」と言っているように聞こえてしまう。恐ろしい地獄絵図である。日本国憲法第25条の生存権の保障は、このような過酷な努力を人々に強いるものなのだろうか。

ところが、いまの日本は、学歴によっては仕事に就くことがむずかしい状況となることを是としている。しかも、まるで本人の努力不足であるかのように、その困難な状況が説明される。努力しようがしまいが権利を行使する主体の個人的な事柄であり、何のために努力するかも他者から評価されるようなものではない。

生きていくために必要な物資には、人によってそれほど大きな差は生じないのではないか。本人の努力などとはまったく別の次元で、生存がしっかりと確保される政策が不可欠である。それは現状においては金銭的な配分の問題が主になるかもしれないが、金銭以外の諸施策も含みうる。いずれにしても、教育と生活資源の配分とが強固に結びつけられていることを反省的にとらえ、その関係を断ち切る方向で諸改革がなされる必要がある。教育を受けようとすることも生活していくことも、ともに基本的人権にかかわる重大な権利問題である。互いが互いに対する条件のように作用し、規制し合うことで権利としての姿は失われ、人々を追い詰めていく状態になることだけは避けなくてはならない。

このような「学力」と社会生活、経済的な状況との結びつきをどのように解体していけばよいのか。これについては、識字教育の視点から学ぶことが多いのではないか。なぜなら、識字教育は、自己責任論に回収されてしまうような問題設定のあり方自体に疑問を投げかけているからである。

(3)「批判的識字」の考え方

「識字」とは、リテラシー(literacy)の訳語であり、文字の読み書きができることを指すというのが一般的な理解である。しかし、これだけでは誤解が生じやすい。その「誤解」というのは、次のようなものである。文字についての知識は現在の社会においては基礎的なものであるのだから、その欠如は避けなければならない状態であるとの前提に立って、文字を知らない人(非識字者)に文字を知っている人(識字者)が知識を伝え、いかに教育効果を上げていくかが識字教育の課題である、といった誤解である。すでに明らかなように、この「誤解」は、学校教育全体のあり方に通じている。

文字についての知識の「ある—ない」の軸の上で、「ない状態」から「ある状態」にしていくことが識字教育の中心課題なのではない。なぜ文字が社会生活にとって不可欠なものになったのか、文字を知らないことでなぜ不利益を被らねばならないのか、なぜ排除や差別を経験しなければならないのか、そして、なぜある特定の人々において文字についての知識が決定的に不足しているのか、といったことを問うことが重要なのである。[23]

そして、文字を知る者の課題は、文字を教えることにあるのではなく、文字による文化が、まるでそれが正当であるかのように、社会生活の大前提とされてきたことで、いかに多くの者を抑圧してきたかを問うことである。文字をめぐる問題状況が社会的につくり出されてきたこ

23 被差別部落には、差別(による貧困)のために教育の機会、文字を学ぶ機会を奪われてきた人々がたくさんいる。それに対して、文字を取り戻す運動が1963年に福岡県(筑豊の産炭地を中心に)で始まり、(地域によって差はあるものの)全国に広まっていった。「最初は、民家の一室を教室として借りて、リンゴ箱を机がわりにして、平仮名や片仮名を覚えることからはじま」った。このような識字学級の「講師は、周辺の小、中学校の教員や運動団体の青年、部落外の労働者など」であった(『知っていますか？部落問題一問一答』解放出版社、1990年、77〜78頁)。

と自体を構造的に問う視点こそ必要なのである。

もしそうでないなら、個別の困難さへの対策という範囲を出ない学習となる。つまり、権力的に正当化された価値体系自体を疑わず、そのなかでの「成功」を目指すことになる。これは、その体系の中での文字の読み書き能力の獲得度合いによる差別的処遇を正当化（むしろ公平なものと認識される）することになる。字を知らない者に「支援されるべきかわいそうな人（あるいは個人的問題を抱えた人）」というレッテルを貼ることで、「知っている者」による「知らない者」への抑圧が隠蔽されていく。この点に関しては、「基礎的知識」の暴力性と重なる。

このような構造的な見方をすることで、識字の意義は明らかになってくる。それは、社会生活の手段としての文字に関する知識の獲得のみにあるのではなく、社会関係の問い直し、あるいはその再発見と、それによる社会に対する認識や人間関係、そして人生のとらえ方の変容に及ぶ点にある。

これは、パウロ・フレイレ（1921〜1997年）によって展開された「批判的識字（critical literacy）」と重なる。そこでは、自らが生きているこの社会を自らがつくり変えていく力を自らが有していることに気づく学習が展開される。そして、そのこと自体が、人が生きていくことにかかわる権利として認識されていくことになる。ここから、現在の生活のあり方が一定の無意識的な枠組みの中に閉じ込められ、他の生き方・あり方に発想が及ばないことを問題とする視点が導かれる。こうして、「識字」は、人々の暮らしと権力との関係を問題にしていく概念となる。けっして、文字が書ける、読めるといった「知識の有無の問題」ではない。この点に関して、フレイレは「解放」という観点から次のように表現している。（三砂ちづる訳『被抑圧者の教育学』（新訳）亜紀書房、２０１１年、99頁）

本来の解放とは、人間化のプロセスのことであり、何かを人間という容れ物に容れる、といったものではない。ただの言葉でもなければ、怪しげな呪文でもない。解放とは実践であり、世界を変革しようとする人間の行動と省察のことである。（中略）本当の意味での解放をめざす教育は（中略）知識の容れ物としての人間ではなく、世界とのかかわりのうちに問題の解決を模索するようなものであるべきだ。

つまり、権利として保障されるべき教育は、消費の対象としての知識の個人内蓄積を目的とするもの（このような教育を彼は銀行型教育と称した）ではない、ということである。単に個人の問題として文字の読み書きをとらえれば、人々はこの「容れ物」を満たそうと必死になる。その過程においてさまざまな学び方が示され、それを「自由に」選択できると言われると、そのことによって自らの意思が尊重されたと錯覚する。人々は「消費者」の位置に固定され、自らつくり出し、あるいは変えていく自由があることを忘れてしまう。こうして、教育は「商品」になり、所有の対象となる。また、教育政策には「商品管理」の視点と手法が導入され、ますます所有欲をかき立てられていく。

(4) 歴史の主体となる学習

このように、文字についての学習を社会認識としてとらえていくことは、ユネスコの「学習権宣言」(1985年)における歴史の主体としての自己形成という発想にかかわってくる。そこには、「学習」が何を目指すものなのかが明確に書かれている。

学習権とは、
読み書きの権利であり、
問い続け、深く考える権利であり、
想像し、創造する権利であり、
自分自身の世界を読みとり、歴史をつづる権利であり、
あらゆる教育の手だてを得る権利であり、
個人的・集団的力量を発達させる権利である。
(中略)
学習権は、人間の生存にとって不可欠な手段である。
もし、世界の人々が、食料の生産やその他の基本的な人間の欲求が満たされることを望むならば、世界の人々は学習権をもたなければならない。
(中略)
しかし、学習権はたんなる経済発展の手段ではない。それは基本的権利の一つとしてとら

えられなければならない。学習活動はあらゆる教育活動の中心に位置づけられ、人々をなりゆきまかせの客体から、自らの歴史をつくる主体にかえていくものである。

おそらく多くの説明を必要としないほど、ここには学習とは何かが端的に表現されている。ただし、これをそのまま教育実践として展開しようとすれば、いくつかの課題にぶつかる。たとえば、「読み書きの権利」といった場合、どんな言語で読み書きをすることを権利としているのか。少なくとも日本の教育制度においては、日本語でしか学ぶことができない。文化的にも言語的にも多様な社会になっていることは誰もが認めるところであり、それを踏まえれば、日本語でしか学校教育が成り立っていない現状は、ある子どもたちにとってはかなりの権利制限と映るだろう。もちろん、これは、授業の多言語化で解決するような単純なものではない。むしろ、日本語教育がいかに大切であるかといった議論もしていかなくてはならない。ここには、言語を権利として位置づけるという課題が存在している。

しかし、ここでは、この「宣言」の意義について確認しておきたい。

いま日本の子どもたちは多くの時間を「勉強」に費やしている。しかしながら、せっかく学んだことと実際の生活とが乖離していないだろうか。受験に失敗することの恐怖に支えられてたくさんのことを「覚えている」「知っている」はずなのに、それをもとにした判断は苦手なのではないのか。もちろん、わかりやすい形で生活に役立ってこその知識であると言いたいわけではない。そのような功利的な発想が学習において成り立つこと自体が分析されるべき対象である。ここで注意しておきたいのは、少なくとも現状においては、学校で「生活」が学習の核になることが非常に乏しいという点である。

たとえば、複雑な計算が素早くできるようになることは目指されても、学習していることの内容と自らの社会生活との結びつきは意識されない。何をどのように計算し、そこにどんな問題を見出すのかが問われなければ、計算の技術だけは向上するだろうが、それを用いていった い何を計算してよいのかはわからないままになってしまう。どのようなことが計算の対象になっているかを問うことなどは、まったく思いつかないということになっていくだろう。また、ただ英語が話せるという事実が大事なのではなく、何を聞き、何を話すかによって、その人にとっての英語の意味が浮き彫りにされるだろう。歴史の学習は、昔話を聞いていることではない。過去に何を学ぶのかという視点がなければ意味をなさない。理科の実験で化学反応に驚くだけでは、そして、社会科で重要語句を暗記するだけでは、たとえば今日のエネルギー問題の本質はつかめないだろう。

また、学習権宣言による「自らの歴史をつくる」とは、学びにおいては、自らが暮らすいまの社会についての認識とそれに基づく社会変革の方向性が問われるということである。これは、人間としていかに生きていくのかという問題に大きくかかわる。だからこそ、学習は権利として保障されなければならないのである。知識習得が不十分だと就職がむずかしくなるから、すべての人に学習の機会が必要だ、という発想とは異なる権利論が必要である。

中島敦（1909～1942年）に「文字禍」という作品がある。文字の霊によって人間がその力をそぎ落とされていくという話なのだが、今日の学力問題を考えるときに非常に示唆的である。たとえば、次のような記述がある。「文字を覚えてから急に虱《しらみ》を捕るのが下手になった者、眼に埃が余計はいるようになった者、今まで良く見えた空の鷲の姿が見えなくなった者、空の色が以前ほど碧くなくなったという者などが、圧倒的に多い。(中略)獅子という字は、本物の獅子の影ではないのか。(中略)文字の無かった昔、(中略)歓びも智慧《ちえ》もみんな直接に人間の中にはいって来た。今は、文字の薄被をかぶった歓びの影と智慧の影としか、我々は知らない。(中略)ある書物狂の老人[は](中略)、およそ文字になった古代のことで、彼の知らぬことはない。彼はツクルチ・ニニブ一世王の治世第何年目の何月何日の天候まで知っている。しかし、今日の天気は晴か曇か気が付かない。彼は、少女サビツがギルガメシュを慰めた言葉をも諳《そら》んじている。しかし、息子をなくした隣人を何と言って慰めてよいか、知らない。」(『中島敦』ちくま日本文学シリーズ012、筑摩書房、2008年、193~195頁[24])

(5) 個人所有という発想

教育や学習や学力といった言葉を使うときに必然的に付いてくる言い回しとして、「身につける」という表現がある。教育の「成果」は個人の身につけられるもの、つまり、所有されるものとしてイメージされている。学びに形を与え、物のように扱い、それを所有するということである。しかも、その所有物の質・量によって生存の条件が左右されるのだとすれば、その「向上」を競うことになる。それに勝利することで安心感を得ようとする。将来において価値

24 なお、「悟浄出世」という作品では、「生きておる智慧が、そんな文字などという死物で書留められる訳がない。」と書かれている(同書、367頁)。また、アナトール・フランス(1844~1924年)の『エピクロスの園』(大塚幸男訳、岩波文庫、1974年)という随筆集にも、アルファベットの発明者としてのカドモス(ギリシャ神話の人物)の亡霊が書斎にあらわれ、文字について話す「アルファベットの起源について幽霊と交わした対話」という断章がある。

を生み出す物なのだから、そこにはより多く投資したほうがよい、ということにもなる。しかし、これがどこまでも続く不安の連続となることは、これまで述べてきたことからも明らかである。

このように学びに形を与えようとする発想は、人間自身をも物のように扱うことに通じてしまうだろう。「物」であるとすれば、外側から見てその性質を知るための簡単な方法のひとつは「数値化」である。数値はもっともわかりやすい指標となる。学力テストの点数がさまざまに活用されるのも、子どもたちに「値段」を付ける行為だと思えば納得がいく。なるべく高く買ってもらえる「人材」となる必要がある、というわけである。

しかし、人間は、実際には生きた関係性の中で暮らしている。バラバラにされた人間の集合が社会なのではない。社会生活は、それを構成している各個人には還元できない特殊性をもっている。社会学の理論に依拠するまでもなく、わたしたちはこのことを実体験としてよく理解しているはずである。わたしたちは「関係」の中で自己や他者を認識し、考え、判断し、生活している。

ところが、その人間関係をも物のように扱う傾向が顕著になってきている。たとえば、「コミュニケーション能力」といった表現で、対話を「スキル化」し、具体的な人間関係から引き離し、所有の対象としていく施策が練られている。一定の所有量（能力）があって初めて対話が可能になるという発想なのだろうか。しかし、コミュニケーションはつねに具体的な関係の中でしか展開されない。したがって、仮にそのために必要な「能力」があるのだとしても、それは実際の対話の中でしかあらわれてこない。つまり、その場面から切り離すことはむずかしく、その抽象化は困難である。ということは、物のように受け渡し、所有することもむずかしい。

学力や能力という言葉で思い描かれているものを、個人所有されるものとしてではなく、人間関係の過程にあって初めてあらわれてくるものとしてイメージアップできないだろうか。個人の中に蓄積されていて、取り出し可能なものとしてではなく、誰かと誰かが出会ったときに、その関係の中で初めて形成されるものとして。

このように考えると、学びは対話の中でしか成り立たない。所有することはできず、したがって、何かの準備としてため込むような性質のものでもないということになる。学力や能力、そして学習をこのようにイメージできれば、これまで述べてきた日本の学校教育がかかえる諸問題が何に基づくものだったのかもすっきりと見えてくるのではないか。

(6) 準備としての学習からの脱出

しかし、これに対しては、強い反論があるかもしれない。つまり、少なくとも高校までは考えるための「道具」を手に入れる期間なのだ、と。何かの課題解決に向けて計算するためには、実際に自分で計算ができなければならない。さまざまな教科・科目で提示される概念などが理解できてこそ、実際の社会的課題に応えていくことができる、と。このような説明の仕方は、確かにその通りだとの印象を人々に与える。しかし、これは現状の学校教育の姿をそのままなぞっているだけではないのか。この発想は「さかさま」なのではないか。

これに従うと、「準備」することが学習することの意義である、ということになる。すでにみたように、今後の社会は予測困難なほどの急激な変化のなかにあるのだから（このように予測してしまっているという矛盾はここでは措くとして）、それに向けて備えなければならない、と。学校は、このような発想が大好きである。なぜなら、いま子どもがやっている（やらされている）ことについての説明が必要なくなるからである。将来何が起こるかわからないと言われれば、何でも必要だということになる。

しかし、いまの学校教育は、道具ばかりをピカピカに磨いているのではないか。大事だと言われるので子どもたちは一生懸命にその知識を覚えようとする。しかし、いったいいつそれを使う日が来るのだろうか。小学校では中学校に入ってから困らないようにと言われ、中学校では高校入試のために、高校では大学進学や就職のためにと、子どもたちはつねに「準備」ばかりさせられてきている。いったいいつ「本番」が来るのだろうか。おそらくそれは永遠に来ない。なぜなら、ふつう「道具」は必要があって、あるいは目的があってつくるもの、手に入れるものだからである。学びは、言わばつねに「本番」だということになる。もちろん、将来役立つとある程度予想して、「道具」を準備しうるかもしれない。ところが、今日の社会は、「予測困難」だと言われているのだから、「道具」を学ぶということ自体が成り立たない。

なぜ、私たちは、学ぶこと自体に意義を見出せないのだろうか。なぜ「役立つかどうか」という観点で学びをとらえてしまうのだろうか。学びは関係性の中でしか成立しないとすれば、学ぶことは、いろいろな人とつながっていくこと、生活していくことを意味する。棚に並んだ商品、それもなるべく高い商品を購入し所有することではなく、関係をつくり、そのことが社会をつくっていくことになる行為が学びの意義だとすれば、学ぶという行為のイメージはかなり変化する。次章で確認するインクルージョンの概念は、このような学びを成り立たせるためには不可欠である。

諸個人をバラバラにしていく所有量の競争ではなく、個人を緊密につなげていく連帯がゆるやかに形成されていく学びの姿をイメージしてみたい。

第3章「障害」

1 「別学」はなぜ必要とされるのか

(1) 学校制度が生む差別

2020年9月、沖縄タイムスの報道によれば、沖縄本島のある小学校で、普通学級で授業をともに受けていた特別支援学級の児童が「騒いだ」ときに、教員が「うるさいと思う人、邪魔だと思う人は手を挙げてください」と子どもたちに挙手を求めたという（騒いだとされる子どもは教室の後ろに立たされた）。そして、手を挙げなかった子どもに対しては、「あなたも支援学級に行きなさい」と発言。その際、手首をつかまれた子どももいたとのことで、これらの教員の言動により、普通学級の子ども一人が「先生が怖い」と言って4日間、学校を休んだそうだ。

いまの日本の教育制度全体の問題がここに集約されているように思える。「特別支援学級」はその名の通り「特別」な場所として設定されているのだが、その「特別」性は、けっしてプラスでは意識されていない。みんなが「行きたくない」と思っている場所、おとなしくしていないと「出て行け」と言われ、その行きつく先としての場所、といったイメージで受け止められている。そのことが、この記事から見えてくる。

2006年の教育基本法全面改正とそれに続く学校教育法等の改正により、「障害児教育」に関する規定は、それまでの「特殊教育」に代わって「特別支援教育」としてスタートすることなった。その後、年々、特別支援学校・学級は増加し、最近では、「発達障害」の子どもたちが増えているともいわれ、ますます「特別」の対応が必要だということになってきている。その一方で、障害者基本法の第16条では、国・地方公共団体は、「可能な限り障害者である児童及び生徒が障害者でない児童及び生徒と共に教育を受けられるように配慮」（第1項）し、「交流及び共同学習を積極的に進めることによつて、その相互理解を促進しなければならない」（第3項）とされている。その「交流」や「共同学習」が、沖縄での例のように、逆に排除を正当化するような教員の発言を生むのだとすれば、法律の趣旨はまったく学校現場に届いていないことになる。

しかし、根本のところを問うならば、「交流」等を語っている段階ですでに排除や差別は人々の意識に浸み込んでしまっているのである。

ここで、日本国憲法第26条の規定（第2項）を思い出してみたい。「すべて国民は、法律の定めるところにより、その保護する子女に普通教育を受けさせる義務を負ふ」とされている。ここで受けさせることが義務だとされている「普通教育」は、基本的には小学校・中学校・高校で施されることになっている。これに従えば、当然、すべての子どもたちは、自分が住んでいる地域にある小学校等の普通学級に在籍するはずである。ところが、実際には、「特別」な学校が用意されている。「障害児」とされる子どもたちの教育を受ける権利は、別の場所で保障されるのか。

学校教育法第72条を確認しておきたい。そこには、「特別支援学校は、視覚障害者、聴覚障

害者、知的障害者、肢体不自由者又は病弱者（身体虚弱者を含む。以下同じ）に対して、幼稚園、小学校、中学校又は高等学校に準ずる教育を施すとともに、障害による学習上又は生活上の困難を克服し自立を図るために必要な知識技能を授けることを目的とする」と規定されている。つまり、特別支援学校では、普通教育は施されていないのである。それに「準ずる」教育が施されることになっている。したがって、自分の子どもを特別支援学校に入学させてしまうと、その子に対して憲法の規定にあるような「普通教育を受けさせる義務」を果たすことができない、ということになってしまう。

そもそもなぜ普通教育を施さない特別な学校が用意されなければならないのか。その答えは、先の沖縄の記事にあった「騒いだ」という認識に隠されていると思われるが、これはすぐ後で述べることにしたい。ここでは、日本の学校制度が「障害児」と「健常児」とがともに学ぶような制度設計にはなっていないからこそ、「交流」や「共同学習」という表現が用いられている点に着目しておきたい。すでに初めから排除されているのだから、たまに交流したところで、それは「排除されている子どもたち」との交流なのであって、相互に異なる立場であることが強調されるだけである。この関係性の中でいったいどんな「相互理解」が進むのだろうか。

ところで、沖縄の小学校の例では、特別支援学級の子どもが「騒いだ」とのことであった。それが具体的にどのようなものであったかは、報道だけではわからない。したがって、そのことをめぐって安易に判断を下すことはできない。しかし、一般論として言えば、「騒いだ」と判断するのは教員である。そして、そのことで授業の進行が妨げられたと判断するのも教員である。授業が進まなければ子どもたちの教育を受ける権利が侵害されてしまうので、その進行の妨げになった（と教員が判断した）要因を教室から排除しようとするのは、当然のことのように思われている。たとえば、学校外でのきわめて大きな騒音ゆえに教員の声さえ届かないような教室環境では子どもたちの教育を受ける権利が侵害されているのは明らかであり、その騒音の除去がさまざまな方法によってなされていく。これは正当な方策といえるだろう。しかし、「子どもが騒いだ」という状況は、これと同列には扱えないだろう。

どんなものにも、そして人の行動にはとくに、本人が自覚しているかどうかは別として、理由や意図、また何らかの背景がある。まずは、そこに着目し、その原因を探るべきではないのか。つまり、「騒いだ」のだとすれば、なぜ騒いだのかを問わなくてはならない。あることがとても楽しかったのかもしれない、あるいはとても嫌だったのかもしれない。うまく言葉にならないけれども、何かを伝えたかったのかもしれない。遊びたかったのかもしれない。身体の調子が悪く、苦しかったのかもしれない。急に何かを思い出したのかもしれない。要するに、まずは、子どもの声を聴いてみなければならない。これは、国連の「子どもの権利条約」の中心となっていることである。「子どもの権利条約」については、第5章で詳しく見ていくことにするので、ここでは、子どもというものは自分の意見を述べ、社会に参加する権利をもっている存在だと位置づけたこの条約の趣旨から「障害児」教育をみていくとどういうことがみえてくるのかに関心を払っておきたい。

日本の学校では、子どもが意見を言うことを「わがまま」と混同する傾向がある。その背景には、第1章で述べたように、子どもを「教育される」存在、つまり「受け身」の存在、「未熟な存在」とみなす子ども観と教育観があるからだろう。子どもが「騒ぐ」という認識のあり方、そしてそのような状況にどう対応するかは、この子どもの権利条約にみるような権利の浸透の程度によって左右されるように思われる。そして、そのことが「障害児」への対応にもそのまま反映される。

(2) 学校体系の問題

ここでもう一度、普通学級の子どもたちと特別支援の対象となっている子どもたちとの「交流」が制度上なぜ成り立ってしまうのか、確認しておきたい。

学校教育法の第1条は、「学校とは、幼稚園、小学校、中学校、義務教育学校、高等学校、中等教育学校、特別支援学校、大学及び高等専門学校とする」と「学校」を定義している。この9種類の学校は、学校教育法第1条に規定されているということで「一条校（あるいは一条学校）」と呼ばれることもある。この中で「特別支援学校」だけが特殊な位置づけとなっている。それは、先にふれた「普通教育」を施しているかどうかといった内容論においてではなく、学校自体の制度的位置づけにおいて、である。

義務教育制度の構成要素のひとつが、就学義務（保護している子どもが6歳になったらその子を就学させる保護者の義務のこと）だという点はすでに第1章で確認した。では、どこに就学させるのか。そのルートが日本では2つ存在している。ひとつは、「通常の」小学校に行く場合、もうひとつが特別支援学校（の小学部）に行く場合である。義務教育の開始の段階で複数のルートが存在しており、学校体系としてみれば「複線型」と呼ばれる形になっている。これは、１９７９年の養護学校（今日の特別支援学校に相当）義務化によって、固定化されていくことになった。「障害児」を公教育の中にどのように位置づけていくかという課題に対して、明確に「別の場所」を用意すると決定したのである。

学校保健安全法第11条により、毎年（10～11月に実施）、翌年小学校に入学する予定の子どもに対して市町村の教育委員会は健康診断を行うことになっている。これは「就学時の健康診断」（一般に就健と略されることがある）と呼ばれるもので、その結果によって、障害児として特別支援学校・学級に行くかどうかが決まる。いわば「障害」を基準に子どもたちの振り分け作業が行われるわけである。しかし、この就健を受ける義務は子どもたちにはない。小学校に入学すれば（基本的には6月30日までの間に）健康診断が実施される（同法第13条）のだから、健康状態のチェックはそのときでもよいはずなのだが。就健によって「障害児」とされると就学相談を受けることになる。あらためて子どもの検査や面接が行われ、判断（判定）会議の末にどこに振り分けられるかが決まる。就学先決定については保護者の意見も聴取されるのだが、特別支援学校・学級への就学を断った場合に、それがすぐに認められることはなく、「判断」に従うようにとの強制（保護者の呼び出しなど）が繰り返されるとの報告も多い。[1]

学校体系の（ヨーロッパの例を中心とした）変遷史は、一般的には、複線型から分岐型へ、そして単線型へという流れで説明される。とくに複線型に関しては、次のように説明されるの

1　実際には、教育委員会が実施する就学相談において、就健前に振り分けが決まっている場合が多い。この「相談」の場で、普通学級への就学や合理的配慮など国際条約や国内法に基づく権利の観点からの説明がなされていないことへの批判もある。障害児の就学をめぐる各地の状況はさまざまであり、「障害児を普通学校へ・全国連絡会」（１９８１年結成）のホームページを参照されたい（https://zenkokuren.com）。

が一般的である。

まず、12世紀前後のボローニャ大学やパリ大学の形成を軸に、制度上の頂点としての大学から始まってそれへの入学準備としての学校が下方に向かって形成されていく「下構型学校系統」と、それとは逆に教会付属の「小さな学校」から始まって徐々に上に向かって学校が形成されていく「上構型学校系統」（大学にはつながっていない）の2つの学校系統が同時に存在していることがその典型とされる。ラテン語が読めることを大前提とした大学に連なる系統とごく簡単な読み書きを前提とした系統とでは、そこで学ぶ人々も異なる。身分や経済状態などによってその系統が分かれていたといえる。これが「複線型」学校体系である。

その後、初等教育部分を共通の学校において制度化し、その後は職業準備等のさまざまな理由によっていくつもの学校が枝分かれしていく「分岐型」が登場し、最終的には、あくまでも理念としてではあるけれども、初等教育から高等教育までのすべてを単一の学校体系において実現する「単線型」に行きつく、という流れとなる（現在の学校体系は、多くの国で分岐型を基本としている）。

もちろん、当時、今日のような義務教育制度あるいは教育への権利保障政策が存在していたわけではないので、このような複線型の学校体系であったことに対してその不当性を指摘することはできない。しかし、今日において、少なくとも初等教育段階から就学すべき学校が完全に別系統として用意されているとすれば、それは特筆して問題視されねばならないことだろう。そして、日本は、「障害」の有無によって異なる学校系統が同時並行で存在している複線型学校体系をとる国だ、ということになる。このように分離させられている状態だからこそ、双方の「交流」が成り立つことになる。「交流」は、障害児を普通学級から排除した状態を前提としているのだから、いくら交流をしようが「障害」への偏見や差別がなくなることなどなく、むしろ、助長されるだけである。障害児は自分たちとは一緒に学ぶことができない排除されるべき存在だという意識を、通常学級の子どもたちにはっきりと植え付けることは明らかである。それにもかかわらず、なお、障害児を別の場所へと追い払う制度がなぜ存続し続けるのか。

(3) 別学を必要とする理由

先に確認した学校教育法の第72条によれば、特別支援学校では小学校等に「準ずる教育」を施すとされているのだが、それを正当化する論理はどこにあるのか。そのことは、この条文の最後に書かれている内容から探ることができる。第72条の最後には、「障害による学習上又は生活上の困難を克服し自立を図るために必要な知識技能を授けることを目的とする」と明記されている。つまり、障害による困難を克服することが障害児自身に求められている、ということである（同法第81条には「特別支援学級」の目的が同様の趣旨で規定されている）。確かに、障害によるさまざまな「困難」はあるだろう。しかし、その困難はどこからきているのだろうか。障害そのものから自動的に帰結されるものだろうか。そもそも「障害」とは何であろうか。そのことの検討は後述することとして、ここでは、権利保障のあり方としては問題があるはずの「別学」（障害児を別の場所で教育しようとする制度）がなぜ一般的に受け入れられているののかを「困難の克服」という観点から考えたい。

障害児の教育の場所が制度として普通学校から分離されていても、そのこと自体に問題はないとする見方がある。なぜ、分離が正当化されるのか。結論を先に言えば、「できるようになる（する）ため」である。そのためには、現実にさまざまな障害の種類や程度があるのだから、それらに応じた教育が個別に用意される必要がある、との見解である。保護者の中にも、通常の学校・学級で苦労するよりも、特別の場所で教育を受けることで少しでも「できる」ようになればと願い、分離制度に期待してしまう者もいる。しかし、この発想こそが「障害」への偏見を生み、差別を正当化することにつながっていたのではないのか。

具体的に何が「できる」ようになればよいと考えているかは、人によって異なっているだろう。しかし、仮に何かが以前に比べて「できる」ようになったとしても、より大きな「できる―できない」の尺度に当てはめれば、相変わらず「できない」と言われ続けるはずである。「できる」かどうかという価値基準こそがその子どもを「障害児」にし、差別的まなざしを許してきたものであるにもかかわらず、その尺度に進んで乗ってしまう状況がつくられ（仕組まれ）ているのである。良かれと思って、「できる―できない」という競争の中に子どもを投げ込んでしまう。[2]

特別支援教育の法的目的に沿って言えば、「障害による学習上又は生活上の困難を克服」することが、「できる」ようになることの内容といえるだろう。そのためには、特別な訓練が必要だとされ、それゆえ教育を特別に施すような、通常とは異なる場所での教育が必要だ、と考

2　第2章でみてきたように、何に向けてがんばればよいのかは、主にその時々の労働市場の動きによって異なってくる。もちろん、これだけが指標ではなく、単に「がんばったこと」自体が重要だとの見方もあるなか、それでも、そしてだからこそ、人々はこの確証のもてない競争に没入していく。障害の有無によらず、すべての子どもたちは、つねに「できない」存在とみなされ、ひたすら「できる」ようになることを目指さなければならないとされている。

えられているのである。ここでは、「困難」の克服は、困難を抱えているとされる本人の努力にゆだねられている。

なお、この学校教育法の第72条は2007年に改正されたもので、それ以前は、特別支援学校ではなく、盲学校・聾学校・養護学校が障害児のための学校ということになっており、改正前の条文(旧法第71条)は、次のような内容であった。「盲学校、聾学校又は養護学校は、それぞれ盲者(強度の弱視者を含む。以下同じ)、聾者(強度の難聴者を含む。以下同じ)又は知的障害者、肢体不自由者若しくは病弱者(身体虚弱者を含む。以下同じ)に対して、幼稚園、小学校、中学校又は高等学校に準ずる教育を施し、あわせてその欠陥を補うために、必要な知識技能を授けることを目的とする。」「準ずる教育」という部分は今も同じだが、改正前は、「その欠陥を補う」ことが求められていた。法律において障害者は「欠陥」をもっている、と規定していたことは、人権保障という観点からも大きな問題であったと言わざるを得ない。なぜ「欠陥」と呼ぶことに違和感がなかったのかを問わなくてはならない。

このように「困難」であることの原因を本人の状態に求める発想は現在も同じである。第1章で「不登校」について検討したときにも確認できたことだが、ここでも問題は「個別化」されている。この前提がある限り、障害児の排除(別学体制)は、それを排除や差別と意識されることなく推進されていくことになる。しかし、もし、その「困難」が本人の外側からもたらされるものであったなら、ここで言われている克服への努力はまったくの的外れということになってしまう。

2　障害の社会モデル

(1)「困難」のありか

障害による「困難」はなぜ生じるのだろうか。その要因は、その人がもっているとされる「障害」によるものなのかどうか。

人はさまざまな特性をもって生まれてくる。ひとりひとりすべて異なっている。それ自体には、価値的な上下は何もない。どう生まれようが生存権が確保され、人生を全うできなければならない。ところが、ある特徴をもっていると、日常生活を送る上でとても不便を感じることになる。不便なだけではなく、不当な扱いを受けることにもなる。

たとえば、車いすに乗って移動している人にとって、階段等の段差は自由な移動を妨げる「障害物」となる。歩いて移動しようが、車いすで移動しようが、本来それ自体が問題になることはないはずである。年を取ってひざの関節が弱くなり、車いすでの移動のほうが楽だという人もいるだろう。しかし、実際には、車いすでの移動には危険も伴い、不自由さもある。では、どうすれば、安全に移動できるのか。ごく普通に考えれば、危険物を取り除くということになるはずである。ところが、世の中では、何が移動を妨げる障害物となっているかではなく、このような不便や危険を感じている人の「歩けない」ということを問題視する。なんらかの訓練をすることによって少しでも歩けるようになることが重要だと考えてしまう。特別支援教育には、先の法規定にみるように、障害者と呼ばれる人たちにこのような努力を強いる発想が組み込まれている。そのために、保護者も「少しでもできるようになれば」と考えて、子どもを特別支援学校・学級に行かせることを選ぶ（選ばざるを得ない状況に追い込まれる）。

しかし、危険や不便があるのは、その人の足の問題ではない。その人が努力すればなんとかなる問題でもない。階段があるから移動できないのである。車いすで移動している人のことを考えずに街のデザインをしたからである。どんな人であろうと生活していけるように、社会のあり方が変わっていけばよいのである。それが不十分であるから、ある特定の人たちがさまざまな「障害」に出合うことになってしまう。日常生活を送る上で、いろいろな場面で多くの「障害」にぶつかってしまうという意味で「障害者」あるいは「障害のある人」と呼ぶ、という理解が必要である。もっと言えば、「被障害者」なのである。生活する上でさまざまな障害を被っている人。このようにとらえることを「障害の社会モデル」という。国連の障害者権利条約（２００６年）は、このようなとらえ方を各国に求めている。これは、「障害」を医学的に定義し、個人の問題とする見方と対照的である。[3]

今の例は身体的な特徴に関するものであったが、すべての「障害」に当てはめられる。「見えない」「聞こえない」ということに関してはもちろんのこと、「知的障害」と言われることに関しても同様である。一定の「知的要求」を大前提に社会システムがつくられることによって、これを満たさない者を排除していく構造がつくられているわけである。すでに「基礎的知識」について検討した際、それがある人々の犠牲の上に成り立っていることを確認した。

3
障害者権利条約および日本における障害児をめぐるさまざまな教育問題等については、CRPD in Japan のホームページに情報が掲載されている。https://www.crpd-in-japan.com

この発想に対しては反発も強い。つまり、ある基準を想定しなければ社会の設計はできないのではないか、と。どこまで「要求」を取り入れていけばよいのか、きりがないのではないか、と。しかし、考えたい問題はそこではない。なぜ、その「設計」のあり方でよいと考えたのか。なぜ、その「設計」によって不便を被っている人、さらにはそのことで差別を受けている人の要求は無視してよいと考えたのか。「要求を聞いているときりがない」と思ったのだとすれば、どこまでの要求ならよいと考えたのか、そしてそれはなぜなのか。なぜ、不便や困難を克服する責任が不便を強いられている人たちの側にあると考えたのか。これらのことを問題にしたいのである。つまり、「障害」とは何かではなく、「障害」を成り立たせているものは何なのかを考えたいのである。「障害者」とは何かではなく、誰がなぜ「障害者」と呼ばれていくことになるのかを考えたいのである。

多くの人は、「障害とは何か」を課題認識の出発点とする。したがって、個人の問題としてそれを解決していこうとする思考の流れに乗ってしまう。しかも、その「障害（者）」を、何かが「できない」ことに着目して定義しているとすれば、「できる」ようになれば問題が解決すると思ってしまう。「できる」ということを、個人としてひとりで課題処理が可能である状態ととらえ、そのことを「自立」と表現し、それを目指して特別な支援をしていくべきである、という教育のイメージとなる。そして、そのための訓練をして、「ある程度できるようになってから」、通常学級でのさまざまな学習が可能になる、と考える。これまで検討してきたように、そもそも一般的に学校教育は社会に出るための「準備」だとみなされていることを考えれば、この思考には正当性があると勘違いしてしまう。

(2) 「自立」の条件とは何か

では、障害の社会モデルを前提としたとき、「自立」とは、また「できる」とはどのようなイメージとなるのだろうか。逆に、障害がないとされている人たちはどのように「自立」しているのだろうか。その「自立」の条件とはどのようなものなのだろうか。

冷静に考えれば、いくら自給自足の生き方をしていると言い張ったとしても、何でも一人でできる人などこの世に存在していない。とすれば、わたしたちは日常的にどのように課題を解決しているのだろうか。人には得手不得手があり、知っていることも知らないこともあり、できることもできないこともある。もし、あることについて知らず、しかしその知識をもとに一定のことを成し遂げねばならない状況に追い込まれているとすれば、わたしたちはどうするだろうか。答えは簡単で、それを知っていると思われる人に訊いてみればよいのである。ある場合には、自分の代わりに何かをやってもらうことでわたしたちは日々の課題を解決している。必要なことをすべて自分一人で満たすことなどできるはずがないのだから、当然である。たくさんの人的ネットワークの中で生きていればこそ、たくさんのことが「できる」のである。いろいろなことを知り、いろいろなことができることを「自立」とすれば、「自立」しているかどうかは、その人がいかに多くの「依存(依頼)」先をもっているかにかかっている。つまり、より多くの関係性の中で生きていくことが「自立」した生き方であるということになる。「自

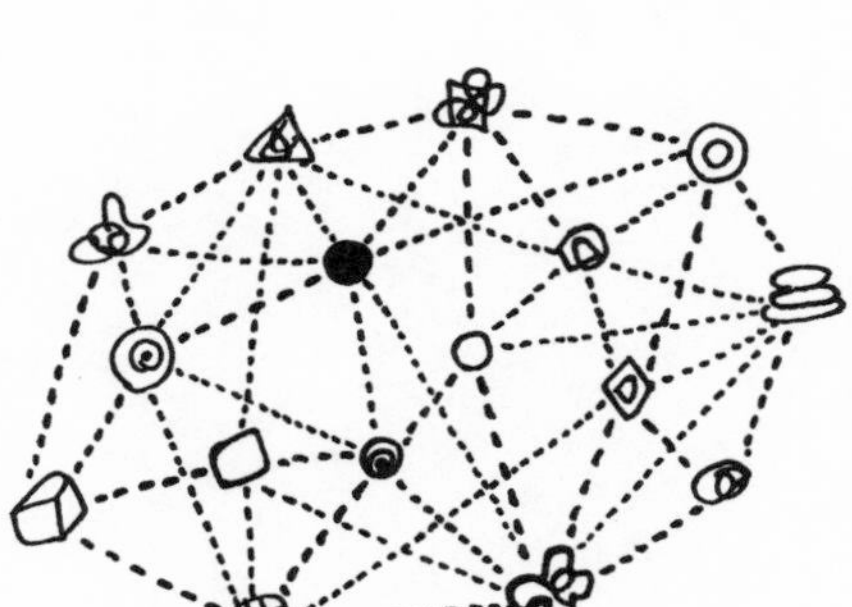

立」とは、依存（依頼）先をたくさんもつことなのである。この前提があるからこそ、人々は、自分の意志で生活していくことができる。[4]

いかに多様な人とつながっているかが、生活していくために不可欠である。自分と同じことしか知らない、できない人たちとしか出会ってないとすれば、その人の「できる」範囲は相当狭くなる。これは当たり前のことであり、わたしたちは日々、多様な人との関係の中でこそ生きていける。ところが、なぜか「障害児」に対してだけは、その関係性を構築させないように働きかけてしまう。つまり、子どもたちを隔離し、一人で「できる」ようにさせようとする。自分ではできないことを他者との関係性の中でいかに成し遂げていくかは、障害の有無にかかわらず、人としての死活問題である。にもかかわらず、「障害児」が普通学級の中でさまざまな子どもたちと出会い、さまざまな関係を築いていくことを拒み続ける人たちがいる。そのような人たちは少数ではない。しかも、普通学級に「障害児」を在籍させることは、「障害児」自身の学習への権利を侵害しているとまで言う人もいる。一定の特徴をもつとしてひとくくりにされた子どもたちを「できる」ようにするために訓練を施すと称して、その生活の術を子どもたちから奪ってしまっていることにはまったく気がついていない。

たとえば、言葉がうまく発声できないという特徴があったとする。そのような子どもたちが集められ、声を出す訓練をさせる。少しでも「明瞭に」音がつくれるように練習が繰り返される。そしてある程度「話せる」ようになってからなら、普通学級での学習や他の子どもたちとの会話にも入っていけるだろう、と。しかし、この発想には違和感をもたざるを得ない。少な

4
障害の問題にかかわらず、教育に関しては、これまで述べてきたように、わたしたちは、自分の意志ではなく一定の方向に行動せざるを得ない状況に追い込まれていないだろうか。とても「自立」している状態とはいえない。

くともわたしは、日本語が話せるようになってから日本語で会話を始めたわけではない。泳げるようになってから水に入ったわけではない。水に入らなければ泳げるようにはならないことは誰でもわかるが、なぜ、会話に関しては同じように考えないのか。

ここにも、準備としての教育という発想が強力にこびりついている。つねに何らかの準備をさせてから、一定の行動をとらせようとする。しかし、その行動自体が、行動することそのものによって形成されるのだとすれば、いくら「準備」をしても何も始まらない。学校が、子どもを未熟な存在だとみなすことによって成り立っている場所だという認識、そして、そこに、他者に頼らずに自分でいろいろなことができるようになることという「自立」をめぐる非現実的な発想が加わって、学校は、いかにして子どもたちを指導(=加工作業)しやすい(能率的な)状況に置くかということに必死になる。そのためのひとつの方法が「分離」であり、それを支えているものが「分類」という行為である。その結果として「障害」という分類項目ができあがる。

(3) 分類するという行為

なぜ、ある子どもたちを「障害児」という特別なカテゴリーで呼ぶ必要が出てくるのだろうか。それは、どのように「分類」された結果なのだろうか。そこで、学校で日常的に行われている「分類」行為について考えてみたい。これは「人材養成」としての教育の基礎となっている。

わたしたちは「分類」することでものごとを理解しようとする。それが科学的見方の基礎でもあるとされている。確かに、「わかる」は「分かる」と書く。「分ける」ことで物事がよく見えてくることがあるのは事実である。しかし、その反面、分類する（またそれによって整理する）ことで見えなくなってしまうことも多い。

では、「分類」するという行為を人間に対して行う場合、どうなるか。まったく同じ人間はいないのだから、「似ているもの」を集めてそこに名前をつける作業をすることになる。「似ている」ということは「異なっている」ということでもある。異なっているにもかかわらず、そこになんらかの共通性を見出してグループをつくるわけである。ここに、分類という行為の強引さがあるのだが、問題は、誰にとって「似ている」と見えたのか、その際の共通項は何か、である。つまり、「分類」は、分類する者の意志によるのであって、そこに権力性が付着する。

学校に限らず、このような「分類」は日常的に行われている。たとえば、「年齢」に着目し、65歳以上の人のグループに「高齢者」という名前をつける。一方的に、一律に、単純に年齢だけで「高齢者」と分類する。こうして、わたしたちは、本人たちの生き方とは関係なく、その人たちへの「まなざし」（さまざまな事柄を「高齢者」という枠組みから説明しようとすること）を共有することになる。このような分類は、定年制度や年金・医療費等の財政の問題としての線引きに役立つものだということを考えれば、「分類」して「整理」しておきたいのが誰なのかは明らかである。

また、男女という分け方も日常的である。分けているという感覚すらないかもしれない。さまざまなことが男女別に設けられていることは、学校教育を経る中で、多くの人が経験を共有している。いま、性については、たとえばLGBTというくくり方で「性的マイノリティ」と表現され、理解すべき事柄として対象化されている。その際、心理学的あるいは医学的知見が利用される。しかし、このくくり方自体に問題があるととらえる必要がある。つまり、L（レズビアン）・G（ゲイ）・B（バイセクシュアル）・T（トランスジェンダー）が、なぜ同列に並ぶのか、誰から見て、それらが「同じこと」に見えたのか。ここでも、マイノリティ（絶対数が少ないという意味ではない）として分類されることの権力性・差別性を問わなければならない。それは、一定の構造の中でマイノリティとされてしまうことの問題性を問うということである。[5]

年齢と性別は、学校では、当然のように分類の基準として採用されている。この分類は、教育学や心理学ではなじみのある発想である。

まず年齢に関して言えば、乳幼児期・児童期・青年期・壮年期・中年期・老年期などといったように、発達段階として理解される。心理学におけるハヴィガーストやエリクソンの発達段階論は有名である。それぞれの段階には「発達課題」が設定され、それらが達成できないと幸福になれず、次の段階での課題達成もむずかしくなり、社会的に承認されない、という説明がなされる。これが、人のそれぞれの育ちに対して偏見をもたらし、また、「障害児・者」を生み出すことにつながっていくことは明らかである。人にはそれぞれの個性があるとか、多様性の尊重などと言われながらも、「もう〇〇歳なのだから、これくらいのことはできなくては」

5 「性的少数者」については、I(インターセックス)を加えてLGBTIと総称されることもあれば、SOGI(Sexual Orientation Gender Identity)と表現されることもあり、その呼称も多様である。後者は「性的指向」と「性自認」というわば個人的事柄に着目した表現となり、社会関係の中から「少数者」が生み出されてくる点が課題としてうまく設定できるかどうか、検討が必要だと感じる。

といった観点で子どもたちが評価され、ある者が「遅れている」として特別なカテゴリーでくくられていく。ここで問題にすべきは、何らかの基準を設定することの不合理性ということだけではない。「発達段階」等の成長のモデルは、一見すると客観的で科学的な真実のように受け止められているが、それは、どのような発達のあり方を良しとするかという現在のわたしたちの価値判断から逆算されたものに過ぎない、という点である。つまり、普遍的に当てはめられるような性質のものではなく、ある種の価値が（暗黙裡に）前提とされているのである。また、人の生の時間的経過を「発達」という概念でとらえること自体の問題性も指摘しなくてはならない。「発達」はつねに右肩上がりでイメージされる。それは、何かが「できる」ようになることとして具体化されていく。

また、性別については、学校が「得意」とする分類であり、男女別の名簿等の問題にみられるように、これまでもジェンダー問題として多く語られ、批判されてきた。今日では性的指向が問題とされているのだが、なぜ性的な好き嫌いが、学校教育において「問題」になるのか。なぜ公務員たる教員がそれに関心をもつ必要があるのか。勉強に対する好き嫌いのことならまだしも、性の問題はきわめて私的な領域である。なぜ、学ぼうとする権利行使の際にそれが「問題」にされるのか。

問題にすべきではないと言いたいのではない。それを公的に問題にする必要があるのは、性的な好き嫌いについての一定の状態が差別（偏見）の対象になっているからである。つまり、それを「問題」にしてしまう前提的価値（この場合は異性愛）を問い直す必要がある、という意味において問題にされ、解決すべき課題にされるべきである。LGBTと分類されている者を「理解すべき対象」にするのではなく、それが差別の対象となっていること、少なくともある一定の人たちにとって生きにくい人生を送らざるを得ない社会状況があることを解決すべき課題（対象）としなければならない。

（4）分離が支援の前提

先ほど、年齢による公的な分類は、年金等の施策の実施にとって重要となるのではないかと述べた。つまり、そのような分類は、誰を対象として施策を実施するのか、言い方を変えれば、どこに予算を付けるのかを合理的に説明するものとして利用される、ということである。このようにみると、分類はけっして悪いことではないと映る。しかし、必要な援助が何年生きたかという時間で決まるというのも不思議なことである。必要なところに必要なものが届いているのか、という疑問がすぐに浮上する。しかし、そこはお構いなしに、権力的に線引きされる。それが「分類」というものである。

繰り返すが、分類は、分類しようとする側の目的に沿って、分類されるものの意思や状況とは関係なく実施される。そして、そのようにして特定されたグループが「支援」の対象となる。分類されたグループ内は一定の基準に照らして「画一化」されているのだから（モノカルチャーな状態）、支援がしやすいというわけである。あくまでも「する」側の論理であって、支援「される」側の細かい事情は問われない。

教育再生実行会議の「第九次提言」(2016年5月)に、その点が典型的に示されている。それは「全ての子供たちの能力を伸ばし可能性を開花させる教育へ」と題し、「多様な個性」として、わかりやすく表現すれば、〈発達障害などの障害児〉、〈不登校等の子ども〉、〈低学力の子ども〉、〈優れた才能をもつ子ども〉、〈日本語指導を必要とする外国人〉、〈貧困家庭の子ども〉が取り上げられている。そして、それぞれに対して、「多様な場所」を用意し、「個に応じた支援」をしていくことの必要性が語られ、具体策が提示されている。

しかし、このように分類して支援していく前に、なぜ「発達障害」が問題とされるのか、なぜ子どもたちは学校に行かなくなってしまうのか、学力格差はなぜ生じるのか、しかもなぜそれが家庭の経済状態によって左右されるという不公平が生じてしまうのか、外国籍児童生徒の生活実態はどのようなものなのか、といった問いが立てられなければならない。その分析が行われてこそ、支援にも意味がある。その「問題」が生み出されてくる状況、言い換えれば、必然的に誰かを犠牲にしてしか成り立たないような現在の社会状況を構造的に問い直していくことが必要である。その上で変革していく道筋を議論していくことこそが「教育改革」の名にふさわしい。ところが、この「提言」は、解決すべき「問題」を「多様な個性」として位置づけることで、その「問題」を個人の特性として説明し、それに対して「支援」していくとしている。これは問題の隠蔽であり、これまでの教育政策に反省を迫る道を閉ざしている。

発達障害に関してよく言われるようになったこととして、本人自らがその障害を理解することと、さらには早期発見が必要である、という認識がある。そのことで「楽になった」とか「悩みから解放された」などといった本人からの体験が紹介されることもある。しかし、重要なのは、なぜ自らの障害を理解しなければ楽に生きられなかったのか、悩みから解放されなかったのか、である。もちろん、なぜそのような特徴を「障害」として認識しなければならないのかも問われねばならない。それまでの苦しみや悩みはいったい誰によって、あるいは何によって生み出されていたのか。早期の「発見」は早期の「分類」ということなのだから、なぜ早い段階から分類されることが必要になっているのか。現状では、「分類」は「分離」を意味している。ある一定の子どもたちが、ある基準に従って、本人の知らないところで早い段階から他の子どもたちから分離させられていく。そうしなければ成り立たないような公教育とは、いったい誰のためのものなのか。

現在の教育改革（と称されるもの）では「支援」がキータームとなっている。しかし、このような分類・分離を前提としているならば、その支援の権力性に警戒しなければならない。支援（人を支えるということ）とは「分ける」ことではなく、子どもたちの話を聞くことではないのか。そして、支援が必要になる社会的状況の分析が教育改革の前提とされなくてはならない。[6]

6 ここで支援を否定的にとらえたいわけではない。知らないうちに排除の論理に巻き込まれてしまわないように、お互いが支え合う支援（援助）の関係づくりを目指していくことがきわめて重要である。そのためにも、子どもの権利条約にある子どもの「意見表明権」と「子どもの最善の利益」の規定が大切になってくる。

3 インクルーシブな環境とは何か

(1) 個性や多様性が苦手な学校

このように考えてくると、分類とそれに伴う分離を前提とした社会のあり方とは反対に、関係性を大切にし、人々の連帯によって人権が尊重される社会をいかにしてつくるかが大きな課題となってくる。このような社会を支えるものがインクルージョンという考え方である。

日本ではインクルーシブ教育というと障害児教育とイコールでイメージされることが多いが、それはインクルーシブな環境を目指そうとするときのひとつの側面に過ぎない。インクルーシブ教育とは、障害の有無ばかりではなく、性別や国籍、成績の良し悪し、また家庭の経済状態などさまざまな指標によって子どもたちを分けていく教育環境ではなく、どんな状況の子どもでも排除されることなく、ともにいることのできる教育のあり方を示す言葉である。

たとえば、フランスでインクルーシブ教育がどのようにイメージされているかをみれば、この概念の広がりがよくわかる。視学官報告書（2009年版）では、学校がインクルーシブな状態になるためにはどのようなことをすればよいのか、インクルーシブな学校（une école de l'inclusion）とは何を課題としていくのかを次のようにまとめている。

① 家庭的・社会的・文化的条件において不利な立場にある子どもたちが、学校で成功できるように、機会の平等を保障すること。

②幼稚園から義務教育修了までの間、社会的に厳しい地域にある学校に通っていて、困難を抱え、またその兆候のある子どもに対して、その状況を改善し、さまざまな援助を与えること。
③学校を離脱した子どもに「セカンド・チャンス」を与えること。
④障害児が学習を続け、また将来に準備できるように、通常の学校の中で、その要求に合った環境を用意すること。
⑤フランスに新たに入国しフランス語を十分に話せない外国人の子どもに、社会的・職業的参画を保障するために、その特別な要求に応えること。
⑥ロマの家庭の民族的・文化的特殊性に基づく要求に配慮すること。
⑦拘留中の未成年者の教育への権利を保障すること。
⑧刑務所内で、もし教育を受けていない者がいれば、その教育の権利を保障すること。
(M.E.N., Rapport annuel des Inspections générales 2009, La Documentation française, Première partie〈Vers une Ecole de l'inclusion〉, pp.17-204を参照)

これをみると、インクルーシブ教育が、インクルーシブな社会の実現を前提としたものであることがわかる。言い換えれば、平等をいかに実現していくかという課題に応える、問題解決的概念としてのインクルーシブ教育である。

先にふれた国連の障害者権利条約の第24条は、教育制度における分離を否定し、インクルーシブな教育の実現を締約国に求めている。したがって、障害を理由に学ぶ場所が分けられていくことは差別であるとされている。

経済のグローバル化を背景とした競争原理の中で、人々が他者とのつながりよりも、他者を引きずり下ろすことに懸命になりやすいことはすでに述べた。そこでは、勝者も敗者も傷ついていく。したがって、多様な人間がいかにして分断されずに社会を構築していくかが、大きな教育課題として問われなければならない。「支援」は、一見すると個人の尊重を重視しているように映る。しかし、それは、人間性を無視した競争社会の原理をそのままにして、すべての人をそこに組み込んでいくためのテクニック（あるいはカムフラージュ）として機能する面があることを警戒しなければならない。

しかし、学校は分類への誘惑に勝てない。あるいは、多様性を尊重するということの具体が思い描けないでいる。たとえば、学校現場では「学力のばらつき」という表現がよく使われる。しかも、それは問題状況として位置づけられている。個性や多様性が価値あることとして語られていながら、なぜか「学力」に関しては「ばらつき」が問題とされる。つまり、さまざまな学力があってはだめなのである。

学校が人材養成機関だと思えば、まずは、同じことを同じように習得していくことが求められる。その結果、できる者とできない者とがふるいにかけられるように析出され、いわば多様な「出来栄え《できばえ》」状態になる。そしてそれらが分類され、いろいろな「材料」として価値づけられ、整理されて、市場に出されていく。点数や偏差値は、いわばその際の値札のような役割を果たす。

原則的に言えば、学ぶことは権利なのだから、学んだことへの評価・評定は控えなければならない[7]。ただ、これまで述べてきたことからもわかる通り、現状では、学校で要求されていることにいかにうまく応えていくかということがその後の人生のあり方を大きく左右すると信じられている。実際に学歴（学校歴）による就職機会の有無が露骨に提示されている。このような状況では、子どもも保護者も安心して権利行使などできる環境にはない。自ら進んで皆と同じになることを願うしかない。一律の「できる－できない」の軸はこうして支えられ、強固なものになっていく。

7 評価・評定の対象は、学びについて自由に権利行使できる条件が整えられているかどうか、という点でなくてはならない。

(2) インクルーシブな環境を目指して

ＬＧＢＴについてふれた際、そのこと自体を心理学的、医学的な理解の対象にすることのおかしさを述べた。しかし、本人たちは「苦しんでいる」のだから、そのことを理解しなければならないのではないか、との反論がありうる。正確には苦しんでいるのではなく、「苦しめられている」のだが。問題にすべきは、苦しめているものは何かということである。異性愛でないと、また、生物学的な性別と社会的な生き方との間に何らかの期待される一致がないと、それを問題だとしてしまう「まなざし」を分析しなければならない。くり返すが、性的マイノリティ（この表現自体が人権侵害となっている）と分類された人々の存在そのものが問題なのではない。なぜそのように「分類」されるのか、なぜそのことで苦しい状況に追い込まれているのかが問題なのである。「障害児」をめぐる議論においても、「障害」は単に医学的に理解すべき対象ではなく、ある状態を「障害」たらしめる環境を問わなければならないのである。

たとえば、カナダのブリティッシュ・コロンビア州には「普通学級」が存在していないという（国民教育文化総合研究所編『分けないから普通学級のない学校』アドバンテージサーバー、２０１４年を参照）。なぜなら、日本のような「特別な」学級がないからである。「特別」がないのだから「普通」もないというわけである。同州では１９７０年代に教員から分離教育は役に立たないとの問題提起がなされ、80年代を通して特別な学校や学級が閉鎖されていったのである。今日では障害のある子どもたちは普通学級に在籍している。当然、保護者の意思を尊重し、それぞれの子どもの状況に応じた対応がなされる。しかし、それは分けていくためではなく、一緒に生きていくことを実現させるためのものである。障害者権利条約では、これを「合理的配慮」と呼んでいる。日本の障害者差別解消法でも同様の規定がある。

あるフィルターをかけて人を分けていくのではなく、一緒にいるために何をしなければならないかを考えるのである。「合理的配慮」とは、そのためのさまざまな調整・変更のことである。それは、社会の分裂を回避するためである。イタリアが教育制度上、１９７０年代においてインクルージョンをすでに実現させていることはよく知られている。[8] フランスでも、２００５年の法律によって、障害の有無にかかわらず子どもたちは皆、自分の家からもっとも近い普通学校に登録されることになった。このような改革は、何かが「できる」ようになるための加工作業のためになされたのではなく、社会的な排除と闘うことを重視した結果なのである。[9]

したがって、目指されているのはインクルーシブな社会（inclusive society）ということにな

8 インクルーシブ教育の実現のためには、普通学校・学級の改革が必要である。これについては、一木玲子「イタリアにおける障害児統合教育導入と学校改革—普通学校に焦点をあてて」（日本教育制度学会『教育制度学研究』第7号、２０００年、１５９～１７３頁）などを参照。

9 フランスのインクルーシブ教育については、フランス教育学会編『現代フランスの教育改革』（明石書店、２０１８年）の第13章「フランスにおけるインクルーシブ教育導入をめぐる葛藤」（坂倉裕治、２７２～２８９頁）と第14章「インクルージョンという教育理念のあり方」（池田賢市、２９０～３０４頁）を参照。

る。ともに生きる社会は、ともに学ぶ教育環境を前提とする。差別・被差別のまなざしに媒介されながら子ども時代を別々の場所で過ごした者同士が、ともに社会をつくっていけるだろうか。学校教育の場において一度も出会わず、あるいは週に、あるいは月に、場合によっては年に数回程度の「交流」しかなく、同じメンバーとして生きたことのない者同士がともに社会を構築していけるはずはない。

障害者権利条約の第19条は、すべての障害者は地域社会で生活する平等の権利を有するとして、具体的には次のような措置を要求している。

・障害者が、他の者との平等を基礎として、居住地を選択し、及びどこで誰と生活するかを選択する機会を有すること並びに特定の生活施設で生活する義務を負わないこと。
・地域社会における生活及び地域社会へのインクルージョンを支援し、並びに地域社会からの孤立及び隔離を防止するために必要な在宅サービス、居住サービスその他の地域社会支援サービスを障害者が利用する機会を有すること。
・一般住民向けの地域社会サービス及び施設が、障害者にとって他の者との平等を基礎として利用可能であり、かつ、障害者のニーズに対応していること。

同じ場所で生活していない者と連帯していくことはむずかしい。隔離は否定されなくてはならない。これが人権の保障にとってきわめて基礎的な環境づくりの前提であることは言うまでもない。この点で、イタリアにおいて精神病院を解体し地域社会の中でともに生きていくことを実現したバザーリアの思想と実践は、日本社会の問題点を鋭く突いている。[10] この観点に立てば、社会的排除に対する闘いという「人権モデル」として「障害」をとらえていく必要も出てくる。「人権モデル」とは、「社会モデルが明らかにした既存社会の構造により生み出される不平等と排除という構造の根源にあるものを人権規範の視点から捉えなおし、障害のある人を包括的で総合的な人権の享有主体として再構成するモデル」のことである（池原毅和『日本の障害差別禁止法制』信山社、2020年、26頁）。

多様な人々のコミュニケーションが成り立っている状況の中でこそ、人々は「自立」できるのである。分離・分断されていたのでは、同質性ばかりが強調され、「依存（依頼）先」は豊かにはならず、自分の意志で生きていくことができない。

(3) インクルーシブな学校は紹介されない

ここまで国際的な動向にも着目しながらインクルーシブな環境の必要性を述べてきた。実は、日本の中でもインクルーシブを実現している学校は少なくないのだが、なかなか報道されることがなく、また教育行政側から積極的に紹介されることもない。実際にはさまざまな実践が積み重ねられており、インクルーシブ教育はけっして非現実的な話なのではない。

注意すべきは、インクルーシブ教育を実現している学校は、はじめになんらかの物的・人的「条件」が整っていたから実現できたというのではない、という点である。ともに生きるこ

10 詳しくは、松嶋健『プシコ ナウティカ―イタリア精神医療の人類学』（世界思想社、2014年）を参照。

と・学ぶことの意義を基盤とする学校をつくろうとし、みんなで過ごしていくためにどんな工夫が必要なのかをその時々の具体に応じて考えていった結果としてインクルーシブな環境が成立したのである。「合理的配慮」とはこのように理解されなければならない。「いろいろとまだ条件が整っていないから障害児の受け入れは困難です」といった発言は、今日では差別なのである。ところが、このような「差別発言」が堂々と言われてしまう現状がある。この勘違いを解消していく必要がある。

なぜ、インクルーシブな実践は紹介されることが少ないのか。あるいは紹介されたとしても、例外的なこととして位置づけられるのか。それは、インクルーシブな環境が、「できる―できない」を基軸とした上で「できる」ことを目指す競争的な環境とは両立しないからである。学校教育を経ることで子どもたちに身につけさせたいことが、「努力して競争に勝ち抜いて成功していくことが生き方として価値のあることだ」という認識であるかぎり、インクルーシブ教育は例外でなくてはならない。現在の教育が目指していることは、次のようなものである。足りないところはみんなで補い合い、関係性を大切に、ともに生きていくという生き方は自立していない甘えた生き方だ、と判断するような人間の育成である。現在進行中の日本の教育改革の基本は、子どもたちの社会的なつながりを断ち切っていくことにあるとさえいえる。

しかし、このような状況の中でも、各地でインクルーシブ教育を目指す動きは確実に存在している。たとえば、大阪府豊中市では、その「障害児教育基本方針（２０１６年）」の中で、就学先の決定に際しては「居住地校区の小・中学校への就学を基本」とするとしている

(https://www.city.toyonaka.osaka.jp/kosodate)。また、兵庫県芦屋市でも障害児が普通学校・学級で学ぶことを基本としている。[11]

繰り返すが、学校には、性別や年齢、障害、そして成績といったもののほかにも、さまざまに分類の軸が存在している。「気になる子」「問題のある子」といった表現は、ごく普通に使われている。ここでは、誰が気にし、誰が問題だと認識したのか、ということは意識化されない。子どもたちは多様に分類され、小分けにされた上で「一人一人の課題によりきめ細かく対応する」支援を施されることになる。そのことで「問題」は解決されるという論法である。いわば「個に応じた」教育によって子どもたちを孤立させ、分類したグループに何らかの名前を付け、それに沿った自己形成への道を用意していくのである。こうして、女の子は「女の子らしく」なり、障害者は「障害者らしく」なっていく。性や障害などが社会的につくられていくのである。特別支援教育こそが「障害者」(というアイデンティティ)をつくり出していくのである。そして、そこから反照される形で「健常者」という子どももつくられていく。

(4) 価値統一に向けた分類

日本の学校は、分類することによって「多様な」子どもたちを生み出している。なぜ、さまざまな基準を用いて細かく分けるのか。丁寧な指導のため、それがその子のため、と思い込んでいるのだろうが、実際には、全体を統一(画一化)していくためである。

まず、分類されることによって、その分類されたグループ内は画一化される。その分類は能

11 「芦屋市は最初から普通学校を指定した就学通知書と就学時健康診断の案内を同時に保護者へ送る。診断内容に関係なく、普通学校に入れる仕組みだ。入学後、障害のある児童生徒は、形式的には学校内の特別支援学級に籍を置くケースもあるが、授業は原則として普通学級で受ける。特別支援学校などを希望しない限り、普通学級での学習の機会が維持されるという。」(北海道新聞、２０１６年12月5日付)

率性という観点からなされ、「問題」とされる者たちが集められていく。「問題」である限り、修正を施されることになる。つまり、分類によっていったん名付けられた多様性は、最終的には解消されなければならないということになる。落ち着きがないなどの「問題」を理由に、たとえばその状態に「発達障害」などの医学的な命名がなされ、特定の子どもたちが普通学級から分離させられていく。「不登校」も同様である。その「問題行動」の背景に、受験等の競争的学力観によるストレスなどがあるのではないかといった問いが立てられることはない。現象的にわかりやすい部分にのみ着目して、似た者同士が集められ、訓練を施され、何らかの「水準」に達することを期待される。つまり、分類は画一化のための手段ということになる。

また一方で、「分類」行為は、差別的なまなざしを生み出すようなネーミングを伴うことが多い。たとえば、「学力が低い」とされる子どもたちは、学力の「向上」のために分類され、文字通り「ゆっくりコース」などとネーミングされた学級で「支援」されていく。「障害児」を集めた学級は、「ひまわり学級」などとネーミングされる。「普通ではない」ということを強調する名前を付けること（レッテル貼り）で、「特別扱い」されなかった者はその「名前」に差別的な意味合いを感じ取り、分類された者は否定的イメージの下に自己形成していく。[12]

ここで注意が必要なのは、実際には、みんなが同じようになっていくことが必須だとされているのではないということである。認識すべきは、「普通」という権力的・暴力的に設定された軸からズレていることを否定的なニュアンスで意識化させ、期待されている軸に乗ろうとするメンタリティの形成が目指されている、という点である。細かな分類を用意するさまざまな

12
特別支援学級の呼称は、学校によってそれぞれだが、50人ほどの学生に授業で聞いてみたところ、のびる学級・わかくさ学級・ひまわり学級・つくし学級・仲良し学級・けやき学級などのネーミングが多かった。

教育改革は、規格品のロボットのように皆同じ中身になっていくという意味での画一化を目指しているのではない。現実的にもそれは不可能である。設定された価値基準を疑わず、そこから離れていくことをマイナスと感じ、少しでもその軸に近づくことが価値あることなのだという考え方を強固にしたいがためだと考えたほうがつじつまが合う。

「そろっていること」が学級運営の理想的姿とされることは多い。だからこそ、そこからの「ズレ」が「気になって」しまう。「気になる子」とはそういう子どもなのではないか。そうだとすれば、その子ども自身に問題があるのではなく、その子どもを「気になる存在」としてしまった学校・学級のあり方（教員の見方も含め）が問われなければならない、ということになる。

問題なのは、このような「圧力」の存在を、教員も子どもも、まるで空気のように、日常的には自覚していない点にある。権利保障の場であるはずの教室の中が、実はもっとも人権に対して抑圧的な空間となっていないかどうか、点検してみなくてはならない。つまり、ある種の「管理的視点」が教室の人間関係の中に入り込んでいないかどうか。[13] この点が問われない限り、問題は生み出され続けることになる。教室での受け入れ可能な許容範囲がどんどんと狭くなり、「気になる子」が次から次へと生産され、「支援」の対象として排除されていくことになる。そのうち普通学級には「そして誰もいなくなった」という状況が訪れるのではないか。

このような環境がつくられていくことをどのように理解すればよいのか。そこに、知識内容の伝達という作業とは別に、学校がもつある種のイデオロギー形成機能が隠されているとみる

13
2020年に世界中に広がった新型コロナウイルス感染症の予防のため、教室の中でのマスク着用が日常化した。そのマスクの着用状態（鼻が隠せていない等）をめぐって「マスク警察」と言われるような相互監視、責任追及が子どもたちの間で広がっているという。学校のもつ「取り締まる」文化が着実に子どもたちに浸透してしまっている。

ことができるだろう。今村仁司は、学校は子どもたちを点数や統計数値の対象にしているのであり、「教科書的知識の正確な再現と反復を機械のようにできるのか否かで選別することだけが圧倒的な重みを持つ教育は、すでにその精神の構え方において、排除と差別のイデオロギーで動いているのだ」と明言している。そして、それが「毎日の学校生活を通して、子供たちの精神のなかに空気のようにしみこんでいく」ことが恐ろしいと言う。続けて彼は、学校は「朝から晩まで、年がら年中、道具的合理性の精神を子供の中にたたきこんで」おり、「教師も親もそれを恥じるどころか、自慢すらしている」環境のままでは、子どもたちは「他人を蹴落とし、弱い者いじめをし、異質分子を排除する大人」となり「大きい国家権力と国家装置の働きかけに、率先して身をゆだねていくことは確実である」と具体的に分析している。(今村仁司『精神の政治学』福武書店、1989年、109~110頁)

このような管理と支配の装置として学校は機能している。そして、その学校のなかで「成功」することが価値あることとされているのである。この点は、すでに第2章で確認した。

(5) 差別問題としての「障害」

人権教育の中で「障害者差別」は解決すべき大きな課題のひとつとして認識されている。そして、解決のための方法として、「車いす体験」や「アイマスク体験」などが実施されることがある。このような人権教育実践は、「健常者」が「障害者の立場に立って」生活をとらえ直すことで差別の解消につながっていくとの考えに支えられている。しかし、本当にそのような結果になっていくのだろうか。このことは、「障害者」問題に限ったことではない。

目の見えている者が、たとえばアイマスクを着けて1時間学校の中を、あるいは町を歩いたときには、皆「怖い」と感じる。階段が怖かったという感想が多いと聞いたことがある。確かにその通りなのだろうと思う。ただ、それはいままで見えていた人が1時間見えない状態になったときの感想である。おそらくそれは、「視覚障害者」の恐怖とは別物のはずである。見えないことで恐怖や不便を感じるのは、直前まで見えていたからである。「聞こえない」ということに関しても、また、車いす体験も同様である。「相手の立場に立って」考えるという方法が人権教育の中で実践されることは多いが、そこでは、「自分たち」と「彼ら」とは異なる「立場」であることが前提とされている。[14]

そもそも「見えない」「聞こえない」「歩けない」と表現すること自体に問題が含まれている。日常的にはそう表現せざるを得ないという限界はあるかもしれないのだが、そこには、確実に「能力主義」的発想による「できる―できない」論が入り込んでいる。したがって、「見えないよりは見えたほうがいい」「聞こえないよりは聞こえたほうがいい」「歩けないよりは歩けたほうがいい」という結論になる。人権啓発実践の結果として、「アイマスクを着けてみて、見えないということがこんなにも不便で怖いものかということがよくわかった。自分は見えていてよかった。」といった感想に子どもたちを導かないと自信をもって言える人がいるだろうか。「見えたほうがいい」といった判断が、差別を生み出す土壌となる。「障害児」を分離する理由としても利用される。

14 健常者に障害者の身体状態を再現する障害疑似体験に対しては、障害者への差別的態度や制度上のバリア等が理解されないなど、障害当事者団体からの批判も多い。（松原崇・佐藤貴宣「障害疑似体験の再構成」『ボランティア学研究』11号、85～98頁参照）

さまざまに実践されている人権教育においては、被差別の状況について「知る」ということからスタートする場合も多い。それ自体は重要であり、必要なことである。しかし問題は、いままで「何を知らなかったのか」、学習を通して「何を知ったのか」と問うことである。そのときに、「知らなかった」ということと「差別」とを因果関係のように把握してはならない点にも注意が必要である。いままで「知らなかった」から、「誤解していた」から差別が起こっていたのだ、ととらえないということである。単純なことだが、わたしたちには知らないことは無数にある。しかし、それらがすべて差別問題につながっているだろうか。

たとえば、部落問題学習において、革製品に関するさまざまな仕事の内容を知るという実践がある。いままで知ろうとする対象になっていなかったこと自体の問題性も含めて、このような実践は重要である。しかし、そのような仕事の存在とそこで働く人々の状況について「知る」ということと差別解消とは、単純には結びつかない。とくに「みんなが嫌がる仕事をしているのだから、差別するなんておかしい」という感想には、強烈な差別意識が浸み込んでいる。この感想の中には、「嫌がっている」のは「あなた」なのではないのか、という問いが含まれているにもかかわらず、発言者がこのことにまったく無自覚であることが多い。確かに、多くの人は、牧場と加工品の間にある「と畜」や皮なめし等のことを知らないだろう。しかし、このプロセスの不可視化は、毎日使っているボールペンやパソコンについても言える。どのような原料が使われているのか、どのような工程でつくられているのか、多くの人は知らない。知る必要があると考えている人も少ない。しかし、ボールペン差別やパソコン差別といった現象は聞かない。[15]

「見えないということがいかに大変なことかがよくわかったから、目の見えない人がいたら、進んで声をかけ助けてあげなくてはならない」、「見えないことでこんなに苦労があるのだから、差別するなんておかしい」といった語りは、後述する「道徳」教育の感想として子どもたちからよく聞かれることである。ここには、「見えない」ことでどうしてそんなに大変な思いをしなければならないのか、ということを問題にしようとする芽がない。

なぜ「知る」ことが差別の解消に向かう道筋を示せないのか。ポイントは、「知る」対象としてどこに焦点を当てるかということである。誰でも世の中に「女性」がいること、「黒人」がいることを「知っている」。しかし、「女性差別」「黒人差別」はまったく解決されていない。

なぜなのか。その要因のひとつに、問いの立て方の問題があるのではないか。「女性とは何か」、「黒人とは何か」という問いを立ててしまうと、定義を確定しようとする方向に思考が流れていく。そのような問いの下で知ることのできたものは、最初から客観的に、自然現象であるかのように「女性」や「黒人」をとらえる見方を前提としたものになる。そうではなく、「女性であるとは何か」、「黒人であるとは何か」、そして「障害者であるとは何か」という問いを立てたなら、「女性」「黒人」「障害者」がどのような関係の中で被差別な存在として成立してくるのかを知ることになる。「障害者」等の存在が社会的にどのようにつくられてくるのか、そのことを知ることになる。[16]

15 池田賢市「学生とともに木下川FWに参加して―人権教育の方法について」、『明日を拓く』第126号、東日本部落解放研究所、2020年10月、16～22頁参照。

16 「寝た子を起こすな」と主張する議論がある。それは、差別があることを教えるからかえって差別がなくならないのだという認識を基礎にして、差別の存在を知らせなければ自然と差別はなくなっていくと説く。しかし、これが差別を温存させ、野放しにする議論であることは明らかである。「寝た子を起こすな」の発想に従うならば、たとえば、女性が差別にあっているということを知らせるから女性差別はなくならないのだ、ということになる。したがって、実際に差別されていても黙っていろ、問題にするな、という主張をせざるを得ない。人種差別も同様に、肌の色によって社会的に差別されていること、殺されることもあるような被害を受けていることを人々に知らせてはいけない、ということになる。まさに差別者の論理である。

(6) バリアフリーと「差別」解消とは別事象

差別問題が語られるときには、ほぼ例外なく「差別されている人たち」に焦点が当てられることも、理解の対象のズレの問題として重要である。当たり前だが、差別「される」状態が最初にあるわけではない。必ず、差別「する」という行為が先にある。しかし、人権教育などの実践においては、「差別する人たち」になかなか話が及ばない。

差別「される」側に焦点を当てた学習から入っていくと、差別されている当事者の中に差別に結びつく要因を見出そうとする思考になりやすい。たとえば、車いすに乗っている人の努力や苦労、あるいは、その人がある分野でとても優れた技術をもっているといったようなことが注目され、「こんなにがんばっている」人、「こんなに素晴らしい技術をもっている」人を差別するのはおかしい、という感想になっていく。「がんばっている」かどうか、「素晴らしい」かどうかは他者の評価であり、そのことを基にすること自体が問題である。差別されている者を一定の基準に照らし、「こんなに社会のために役立つことをしているのに差別はおかしい」という評価者のまなざしを獲得していくことになってしまう。そもそも、差別されている者は「がんばって」いなければ、「素晴らしく」なければ差別されても仕方ないのだろうか。そういう含みが、この感想にはある。この点は、第4章「道徳」において具体的に確認していきたい。

最初から差別が組み込まれ、それを差別と意識できないようなさまざまな「正当化」の言説にさらされて生き、そしてその中で学んできているとすれば、そもそも差別に気づき、考えようとする機会さえ奪われてしまう。したがって、「差別」があると知ったとき、まさか自分も当事者としてその差別構造を支えていたなどということには考えも及ばない。差別「される」側の状況を調べ、そこに何らかの有用性を見出し、差別は不当であると発言することになるのだが、これは条件付きでの反差別の発想である。しかも、差別の原因や現状などを個人的姿勢や心理によって説明しようとするため、差別に対する「反省」を個人に迫ることしかできない。差別と差別心とが混同されているので、全員が差別構造のなかに巻き込まれ当事者となっているということが問えなくなってしまう。

障害の「社会モデル」を検討した際、街のデザインなどの環境要因による「障害」の発生のことを述べた。バリアフリーが徹底すれば、確かに「障害物」はなくなる。このこと自体は、権利保障としてきわめて重要である。しかし、世の中のあらゆる場所にスロープとエレベーターが設置され、車いすでの移動になんの不便も感じないようになったとしても、おそらく、車いすで移動している人たちが「障害者」でなくなるということはなく、また、障害者差別がなくなることもないだろう。

つまり、実態として「障害者」のアクセスを阻害する要素が取り除かれたとしても、その人のことを「障害者」とみる「まなざし」は残り続ける。この「まなざし」の温存を確実にしているものは、問題の個別化と心理的医学的要因への着目である。障害の「社会モデル」は、このように、バリアフリーに象徴されるような差別の解決方法にスライドしやすい。他者との関係の中で「障害」についてのどのような「まなざし」が形成されてくるのか、「人権」課題としてそれを問う視点が不可欠である。特別支援教育という分離教育は、実は全員が当事者となっているという構造的特質を解きほぐそうとする問いの成立を封殺してしまう。次章で検討する道徳教育のあり方がこの点を一層強化している。

本章で検討してきた「障害児」の分離や隔離がどのような事態をまねくのか、2016年7月、神奈川県相模原市の「津久井やまゆり園」（障害者施設）で起きた事件をみれば明らかである。「重度障害者」19人が殺害（その他26人が重軽傷）されたこの事件については、多くの論考が重ねられ、この社会に優生思想が根強く存在していることを明らかにしている。「障害（者）」に対するこのような見方は、「別学体制」の必然の結果だろう。

また、第2章でも述べてきたように、「準備」（就職のための学歴、そのための塾、家庭での生活環境、子育てのあり方等々）の発想を続けていけば、必ず「遺伝子」に行きつく。そして、「生産性」を重視する経済至上主義への適応力としての学力論。つまり、現在の日本の教育自体が優生思想と親和性が高い状態で維持されているのである。いじめ事件などにはすぐに反応し、次章でみるように道徳教育の教科化をあっという間に成し遂げた文科省が、この「やまゆり園」の事件の後も相変わらず、「障害（者）」への偏見・差別を助長する教育政策を続けているのがその証拠である。

第4章 「道徳」

1 「特別の教科　道徳」の成立

(1) 何が問題なのか

社会生活において「道徳（性）」を語ることは日常的である。しかも、かなり重視されて語られている。したがって、その道徳を教育の対象として学校が扱うことに違和感をもつ人は少ないのかもしれない。その一方で、それが第二次世界大戦前の「修身」を思い起こさせるために、少なくとも、学校教育に位置づけることには反対であるとする意見もある。イデオロギーの問題も含め、道徳教育をめぐってのさまざまな意見は、賛成か反対かといった対立的な舞台の中で紹介されることが多いように思える。

しかし、ここで問題にしたいのは、もっと現実的な、実践的な側面についてである。つまり、道徳教育は公教育の中で実践可能なのか、また実践することでどんな問題が生じるのか、ということを考えてみたい。とくに、２０１８年から実施されている「特別の教科　道徳」について、なるべく現実問題に引きつけて検討していきたい。[1]

実践的な問題といったときに、どのようなことをイメージすればよいのか。これは、むずかしいことではなく、たとえば、次のようなことを指している。

道徳教育で扱われるさまざまな価値（徳目）は、多くの場合、おそらく学校で教えられる前に子どもたちはしっかりと身につけている、という事実にどう対応するか、という問題である。

1　道徳の教科化に関する批判的検討については、宮澤弘道・池田賢市『「特別の教科　道徳」ってなんだ？』（現代書館、２０１８年）の中で「道徳の教科化の何が問題なのか」（83～122頁）として展開しているので、そちらも参照されたい。

幼児の遊びを見ていて、「○○ちゃん、ずる〜い！」という言葉を聞いたことがあるのではないか。まだ生まれて数年しか経っていないけれど、すでに何を「ずるい」という表現で指し示すかを習得しており、かつ、それが価値としてはマイナスであることも理解している。どういう行為が「ずるい」ことなのか、その具体的な内容はそれぞれに異なっているかもしれないが、そのような価値基準で他者の行為を判断することは身についているのである（自分の行為も同様にその判断の対象となっているかどうかは別として）。

同様に、何が「きれい」なのか、何が「正しい」のか、「正直」とは何か、「やさしい」とは何かなど、たいていの価値基準は、言葉の習得と同時になされているのではないか。「きれい」という言葉を身につけていくときには、当然、何を「きれい」と表現するのか、その具体的事象とセットであるはずである。「やさしい」についてもまったく同様である。ただ、ここでも、何を「きれい」と表現するか、その具体的な内容は子どもたちそれぞれによって異なっているかもしれないのだが。

しかし、すでに知っていることなのだから学校で教える必要はない、と言いたいのではない。問題は、道徳的判断は、つねに具体的な事柄に対してなされているという点についてである。つまり、具体的でしかありえない道徳をどのようにカリキュラムとして構築していけるのか、ということである。たとえば「ずるい」という判断基準はすべての子どもたちが有しているとしても、その具体的内容は異なっているのだから、その異なった基準がぶつかり合う場が学校だ、ということになる。おそらくその調整をしていくことに、学校での道徳教育の意味があるかもしれない。ただ、実践としてそれをうまくこなしていけるかどうかが問題となる。そして、これらのことを前提とした上で、教科として「評価」をしていくことは可能なのか。

(2) 教科化の前段階

学校での道徳教育は、「特別の教科 道徳」以前は、「道徳の時間」という特設の時間において実施されてきた。それは、1958年、文部省（当時）の学習指導要領改訂によって成立した。[2] このとき、学習指導要領が文部省の告示文書として、法的拘束力をもつとされた上での改訂であったことは、道徳教育にとってはかなり大きな意味をもった。つまり、道徳という人のあり方・生き方にかかわる領域の教育が、法的に宣言され、公教育の枠内で実施されることになるからである。国家が「価値」の決定者となる道徳教育が始まったという意味に受け取られることになる。立憲主義の下にあっては個人の心の状態は自由の領域であって、その是非について公的に問題にされることはないというのが前提である。もちろん、その思想・信条などに基づく行為が犯罪となるのであれば、その行為は罰せられるのだが、心の中で何を考えていようが、そのことに関しては個人の自由である。

実は1958年以前から、道徳教育の復活への動きは活発であった。むしろ戦後すぐの段階から、教育勅語を擁護する流れがつくられていた。たとえば、1945年9月、当時の文相である前田多門は、「新日本建設ノ教育方針」において、教育勅語が軍国主義によってゆがめられたとの解釈を示し、田中耕太郎（1946年2月、学校教育局長）も、教育勅語が徹底され

2
小・中学校の学習指導要領の「道徳編」だけが先行するかたちで公示された。「特別の教科 道徳」の実施に当たってもこれと同じ手法がとられ、道徳のみが先行して学習指導要領の改訂がなされた。

ていなかったことを問題としていた。戦後教育改革の方向性を示した１９４６年3月の「アメリカ教育使節団報告書」も、実は、教育勅語の内容自体の問題性には直接はふれていない。ただし、１９４５年12月に連合国軍総司令部（ＧＨＱ）は、修身や日本歴史、地理などを軍国主義教育の温床となったとして、その授業を停止しているのだから、その内容を良しとしていたわけではない。なお、１９４８年6月に、戦後の新しい憲法・教育基本法体制の趣旨とは合わないとして、衆議院で「教育勅語等排除に関する決議」、参議院で「教育勅語等の失効確認に関する決議」が可決され、教育勅語はその効力を失っている。その復活の声もあるとはいえ、少なくとも、戦前への反省として、公教育における道徳の扱いには慎重さが求められていたことは確かである。[3]

もちろん、人々は、実態として、皆、修身という教科で示された価値通りに生きていたのではないだろう。したがって、あまり声高に国家による価値の提示を批判しても意味がないのではないかとの意見もある。しかし、問題なのは、そのような感覚レベルのことではなく、公権力による「内容」の提示というその行為そのものである。

このような流れのなかで、１９５８年8月28日、小・中学校の学習指導要領の改訂によって、「道徳の時間」という「特設」の枠組みにおいて、公教育における道徳教育が導入されることになった。その後、１９６６年には、中央教育審議会答申の「別記」として出された「期待される人間像」という文書で、天皇への敬愛が日本国への敬愛に通じるという論法が提示された。また、家庭での愛情のあり方にまで言及し、戦前の教育勅語への回帰を思わせる「理想の人間

3 芥川龍之介は『侏儒の言葉』の中の「修身」という項で、「道徳の与えたる恩恵は時間と労力との節約である。道徳の与える損害は完全なる良心の麻痺である。」（『侏儒の言葉・西方の人』新潮文庫、１９９５年、11頁）と述べている。なぜ、「時間と労力との節約」「良心の麻痺」になるのか。なぜなら、自ら考える必要がなく、国家が提示する特定の良き価値内容に従っていればよいからである。

像」が示された。これは、その後の学習指導要領の改訂に（間接的であったとしても）大きな影響を与えることになっていく。学校において伝えられる「価値」が、きわめて偏狭なナショナリズムに彩られていこうとしていたことがわかる。

(3) なぜ教科になったのか

この「道徳の時間」については多くの議論があったとはいえ、実態としては、その後長く学校現場に定着していくことになった。しかしながら、多くの人が経験してきたことと思われるが、「道徳の時間」が道徳教育そのものの時間として使われず、クラス内での席替えの時間として使われたり、何らかの行事の練習時間にあてられたり、道徳教育の「充実」という観点からみれば、きわめて問題だと指摘されるような実態もあった。[4] このような状況の中で、1997年に起きた神戸での少年による殺傷事件を契機に、道徳教育が注目されることになる。

この事件によって、青少年問題と道徳教育とがまるで因果関係にあるかのように、中央教育審議会では「心の教育」が必要だとされ、子どもたちの「問題行動」への対策として「道徳の有効性」が語られていくことになる。2000年の教育改革国民会議による「教育を変える17の提言」には、「学校は道徳を教えることをためらわない」との表現もあった。この「提言」では、「死とは何か、生とは何かを含め、人間として生きていく上での基本の型を教え、自らの人生を切り拓く高い精神と志を持たせる」と書かれていたのだが、人の死と生について「基本の型」があることを教えるなどと言われれば、ふつうの感覚では、「ためらい」を覚えるだ

4 たとえば「席替え」は道徳教育のテーマとしてはきわめて有意義な実践といえる。これは屁理屈ではない。なぜなら、子どもたちのエゴがぶつかり合い、どうしても何らかの調整をせざるを得ない状況に追い込まれるからである。自分の要求だけにこだわっていたのでは解決されず、他者の意見を聞かざるを得ない。その上で、話し合いを続けることになる。「席替え」というテーマによって、子どもたちは、他者の価値観や論理を知り、「考え、議論」していくことになる。

ろう。

しかし、この流れは止まらず、2006年の教育基本法の全面的な「改正」によって、いわゆる愛国心教育と言われる教育目標が書き込まれていく。その後、2012年からの第二次安倍内閣の下、「道徳の教科化」の議論が浮上、そして、2015年3月に文部科学省は「道徳」を教科にする学校教育法施行規則の一部改正と学習指導要領の一部改訂を公表するに至った。

基本的には、規範意識の徹底によって青少年犯罪やいじめを防止するということが言われていたのだが、肝心の青少年による犯罪やいじめと道徳教育との間の因果関係は検証されていない。印象論としてはありうるとしても、冷静に考えれば、そのような関係自体が疑わしいことはすぐにわかる。統計的には子どもたちによる犯罪件数は増えているわけではないことなどを考えても、道徳の教科化と犯罪等の防止とを結びつける議論はかなり乱暴である。

そもそも「道徳教育」と「規範意識の育成」とは同一なのかどうかも検討を必要とする。しかし、道徳教育の効果を行動や心の規制に見出そうとする考え方は、世論から一定の支持を得ている。「教育勅語」の徳目が一定の注目を集める要因も、このような行動規制に効果を見出そうとする発想によっていると思われる。

すでに述べたように、子どもたちは、基本的な徳目はみな理解している。「いじめはいけない」といったことを知らない子どもはいない。「やさしさ」や「親切」といった徳目に高い価値が置かれていることも知っている。それでも、いじめなどがなくならないのだとすれば、その原因は、もっと別のところに求められなければならないだろう。この点に関しては、第1章で「不登校」を検討した際、学校の問題が一切不問に付されていたことと重なる。道徳の教科化の議論にも、学校環境が子どもたちに何らかのストレスを与えているのではないか、といった観点から「問題行動」をとらえ直そうとする方向性はまったくない。

(4) 教科化の不可能性

現在、道徳教育は「教科」として実践されているのであるが、本当に教科にすることが可能であったのかどうか。

道徳的判断は、きわめて具体的で個別的な生活のなかで実行され、さまざまな反応が交錯する中で学ばれていく。わたしたちは、その時々の状況に応じて行動を選択している。何を優先し、どのようにふるまうかは、一律に考えることはできない。それは、各人の生活スタイルや人間関係のありようと深く関連しており、体系化できるような一般性をもつものではない。

このような道徳の実際の性質を考えれば、それを学校において「教科」として学ぶことには無理があるのではないか。「親切・思いやり」といった価値を学ぶとしても、いつ、誰との間で、何をめぐっての事柄なのかによって、その判断は大きく左右される。その価値自体を学ぶことに意味がないということではなく、実際に教育内容として扱おうとしても、応用不可能な一回性という特性をもつ道徳的判断を教育内容としてどのように提示すればよいのか。少なくとも、具体・個別の場面が生起する前に、ある行動やそれをめぐる道徳的判断の是非を問うことはできないのだから、教材提示はきわめて詳細になされなくてはならない。そのこと自体がおそらく不可能だということと同時に、仮に、読み物教材での登場人物や相互の関係性について詳細な記述や教員からの説明がなされたとしても、そこでの人物や出来事は、子どもたちが日常生活のなかで知っている人ではないし、実際に子どもたちが当事者となっている出来事でもない。

道徳とは、「国語」や「数学」といった他の教科とは異なり、一定の概念を習得すればあらゆる場面で応用可能であるといったものではない。[5] さらには、数学等の教科は、その土台に学問（科学）の体系があり、それに基づきカリキュラムが成り立っている。しかし、道徳については、それが欠けている。倫理学や哲学を基盤に据えることは可能なのだが、「特別の教科 道徳」はそのような教育内容ではないことは、すぐ後で学習指導要領の内容を見ることで確認できるだろう。そういう意味では、まさに「特別な」教科ということになる。

具体を離れて一般的な道徳というものをイメージしようとすると、どうしても陳腐なものにならざるを得ない。たとえば、「親切」かどうかといった判断基準が世の中に存在していることは誰でも理解できるのだから、そのことをいくら強調しても、意味のないものになってしまう。「親切」かどうか、その判断はつねに具体的な事象について下されるものなのだから、実際に問題にされるべき事柄も具体的となる。しかし、いくら具体的であったとしても、自分が当事者でない限り、結局は架空のこととして判断することしかできないのではないか。仮に、実際の子どもたちの具体的な事柄について詳細な検討をしようとすれば、明らかにプライバシーの侵害になる。かつ、そのようなことを他者が判断してよいのかどうか、しかも評価対象と

5 数学や国語などの教科学習においては、むしろ、具体的なものにこだわっていると学習すべき概念が理解できない場合がある。つまり、具体を抽象化していく必要があるが、道徳は、これとはちょうど反対である。

して取りあげてよいのかどうか。

道徳教育を否定するわけではないとしても、実際に教科として実施しようとすると、かなりの困難にぶつかることになる。このような状況で、教科化によって期待される犯罪やいじめの防止になるのかどうか。一般的な価値を理解することは授業において可能だとしても、実際の人間関係の中でどう考え行動するかは、そのこととは別事象である。この点は、いまの学校での学びのあり方を考えれば、他の教科においても同様である。必要があって学んでいるわけではないので、いくら文字や数を学習しても、それが日常生活にすぐに活かされて、よりよい生活が実現できたなどという話はあまり聞かない。

2 評価の問題

(1) 道徳教育が目指すもの

ここで、実際に道徳教育では何が目指されているのか、どんな内容を扱おうとしているのかを確認しておきたい。

学習指導要領の「総則」には、「道徳教育は、教育基本法及び学校教育法に定められた教育の根本精神に基づき、自己の生き方を考え、主体的な判断の下に行動し、自立した人間として他者と共によりよく生きるための基盤となる道徳性を養うことを目標とすること」と書かれている。そして、道徳教育を進めるにあたり留意すべきこととして、以下の点が指摘されている。内容がわかりやすいように、ひとつの文章を細かく分けて記載してみた。

1. 人間尊重の精神と生命に対する畏敬の念を
2. 家庭、学校、その他社会における具体的な生活の中に生かし、
3. 豊かな心をもち、
4. 伝統と文化を尊重し、
5. それらを育んできた我が国と郷土を愛し、
6. 個性豊かな文化の創造を図るとともに、
7. 平和で民主的な国家及び社会の形成者として、
8. 公共の精神を尊び、
9. 社会及び国家の発展に努め、
10. 他国を尊重し、
11. 国際社会の平和と発展や環境の保全に貢献し
12. 未来を拓く主体性のある日本人の育成に資することとなるよう特に留意すること。

そして、「特別の教科 道徳」の項では、「よりよく生きるための基盤となる道徳性を養うた

め、道徳的諸価値についての理解を基に、自己を見つめ、物事を多面的・多角的に考え、自己の生き方についての考えを深める学習を通して、道徳的な判断力、心情、実践意欲と態度を育てる」ことが目標とされている。

そのうえで、具体的に、以下のように内容項目（22項目）が示されている。これらは、A～Dの4つの領域に区分されている。以下では小学校の学習指導要領の記述を紹介する。なお、［　］内に示した各項目の説明は、低学年・中学年・高学年の順に記載した。また、「相互理解、寛容」に低学年はなく、「真理の探究」と「よりよく生きる喜び」は高学年のみとなっている。

A　主として自分自身に関すること

［善悪の判断、自律、自由と責任］

よいことと悪いこととの区別をし、よいと思うことを進んで行うこと。／正しいと判断したことは、自信をもって行うこと。／自由を大切にし、自律的に判断し、責任のある行動をすること。

［正直、誠実］

うそをついたりごまかしをしたりしないで、素直に伸び伸びと生活すること。／過ちは素直に改め、正直に明るい心で生活すること。／誠実に、明るい心で生活すること。

［節度、節制］

健康や安全に気を付け、物や金銭を大切にし、身の回りを整え、わがままをしないで、規則正しい生活をすること。／自分でできることは自分でやり、安全に気を付け、よく考えて行動し、節度のある生活をすること。／安全に気を付けることや、生活習慣の大切さについて理解し、自分の生活を見直し、節度を守り節制に心掛けること。

［個性の伸長］

自分の特徴に気付くこと。／自分の特徴に気付き、長所を伸ばすこと。／自分の特徴を知って、短所を改め長所を伸ばすこと。

［希望と勇気、努力と強い意志］

自分のやるべき勉強や仕事をしっかりと行うこと。／自分でやろうと決めた目標に向かって、強い意志をもち、粘り強くやり抜くこと。／より高い目標を立て、希望と勇気をもち、困難があってもくじけずに努力して物事をやり抜くこと。

［真理の探究］

真理を大切にし、物事を探究しようとする心をもつこと。

B　主として人との関わりに関すること

［親切、思いやり］

身近にいる人に温かい心で接し、親切にすること。／相手のことを思いやり、進んで親切にすること。／誰に対しても思いやりの心をもち相手の立場に立って親切にすること。

［感謝］
家族など日頃世話になっている人々に感謝すること。／家族など生活を支えてくれている人々や現在の生活を築いてくれた高齢者に、尊敬と感謝の気持ちをもって接すること。／日々の生活が家族や過去からの多くの人々の支え合いや助け合いで成り立っていることに感謝し、それに応えること。
［礼儀］
気持ちのよい挨拶、言葉遣い、動作などに心掛けて、明るく接すること。／礼儀の大切さを知り、誰に対しても真心をもって接すること。／時と場をわきまえて、礼儀正しく真心をもって接すること。
［友情、信頼］
友達と仲よくし、助け合うこと。／友達と互いに理解し、信頼し、助け合うこと。／友達と互いに信頼し、学び合って友情を深め、異性についても理解しながら、人間関係を築いていくこと。
［相互理解、寛容］
自分の考えや意見を相手に伝えるとともに、相手のことを理解し、自分と異なる意見も大切にすること。／自分の考えや意見を相手に伝えるとともに、謙虚な心をもち、広い心で自分と異なる意見や立場を尊重すること。

C　主として集団や社会との関わりに関すること

［規則の尊重］

約束やきまりを守り、みんなが使う物を大切にすること。／約束や社会のきまりの意義を理解し、それらを守ること。／法やきまりの意義を理解した上で進んでそれらを守り、自他の権利を大切にし、義務を果たすこと。

［公正、公平、社会正義］

自分の好き嫌いにとらわれないで接すること。／誰に対しても分け隔てをせず、公正、公平な態度で接すること。／誰に対しても差別をすることや偏見をもつことなく、公正、公平な態度で接し、正義の実現に努めること。

［勤労、公共の精神］

働くことのよさを知り、みんなのために働くこと。／働くことの大切さを知り、進んでみんなのために働くこと。／働くことや社会に奉仕することの充実感を味わうとともに、その意義を理解し、公共のために役に立つことをすること。

［家族愛、家庭生活の充実］

父母、祖父母を敬愛し、進んで家の手伝いなどをして、家族の役に立つこと。／父母、祖父母を敬愛し、家族みんなで協力し合って楽しい家庭をつくること。／父母、祖父母を敬愛し、家族の幸せを求めて、進んで役に立つことをすること。

［よりよい学校生活、集団生活の充実］

先生を敬愛し、学校の人々に親しんで、学級や学校の生活を楽しくすること。／先生や学校の人々を敬愛し、みんなで協力し合って楽しい学級や学校をつくること。／先生や学校の人々を敬愛し、みんなで協力し合ってよりよい学級や学校をつくるとともに、様々な集団の中での自分の役割を自覚して集団生活の充実に努めること。

[伝統と文化の尊重、国や郷土を愛する態度]

我が国や郷土の文化と生活に親しみ、愛着をもつこと。／我が国や郷土の伝統と文化を大切にし国や郷土を愛する心をもつこと。／我が国や郷土の伝統と文化を大切にし、先人の努力を知り、国や郷土を愛する心をもつこと。

[国際理解、国際親善]

他国の人々や文化に親しむこと。／他国の人々や文化に親しみ、関心をもつこと。／他国の人々や文化について理解し、日本人としての自覚をもって国際親善に努めること。

D　主として生命や自然、崇高なものとの関わりに関すること

[生命の尊さ]

生きることのすばらしさを知り、生命を大切にすること。／生命の尊さを知り、生命あるものを大切にすること。／生命が多くの生命のつながりの中にあるかけがえのないものであることを理解し、生命を尊重すること。

[自然愛護]

身近な自然に親しみ、動植物に優しい心で接すること。／自然のすばらしさや不思議さを感じ取り、自然や動植物を大切にすること。／自然の偉大さを知り、自然環境を大切にすること。

［感動、畏敬の念］

美しいものに触れ、すがすがしい心をもつこと。／美しいものや気高いものに感動する心をもつこと。／美しいものや気高いものに感動する心や人間の力を超えたものに対する畏敬の念をもつこと。

［よりよく生きる喜び］

よりよく生きようとする人間の強さや気高さを理解し、人間として生きる喜びを感じること。

このように道徳教育で扱う内容項目は多岐にわたっている。道徳の授業が個人の心のあり方を問題としていることがあらためてよくわかるだろう。「道徳」である限り、そのこと自体に何か問題があるというわけではない。しかし、とくにDの項目に関しては、それらを授業でどう扱っていくのか。かなりの困難が予想できる。そもそも具体が伴ってこその道徳教育なのだが、この項目に入っているものは、どれも漠然としている。つまり、個人の価値観に相当依存する感情が列挙されている。[6]

(2) 評価の困難性

教科になった道徳教育の実践上のもっともむずかしい点は、このような項目について授業し

6 教科化の理由を考えても、「生命の尊さ」は必須の項目と言えるだろう。しかし、その教材内容を検討してみると、むしろ実践することがきわめて困難であると思われる。これについては、池田賢市『「生命の尊さ」に関する道徳教材の特徴と実践上の課題についての覚書』（『教育学論集』第62集、中央大学教育学研究会、2020年3月、1～21頁）を参照されたい。

た結果、子どもたちの道徳性がどのように変化したかを評価しなくてはならないことである。「内心」のありようを問題にしている限り、一定の考え方や行動を良しとするような統制的指導に陥らない実践と内心の自由を侵さない評価の方法が模索されなくてはならない。

文部科学省は、評価に関して次のような方針を出している。

まず、評価の形式として3点を確認している。

①数値や記号による評価ではなく、記述式の個人内評価とする。

②他者と比較せず、その子どもの良いところを励ますような内容とする。

③個別の内容項目ごとの評価ではなく、「大くくり」での評価とする。

また、評価の視点については、次の2点を示している。

①一面的な見方から多面的な見方に変化したかどうか。

②道徳的価値を自分自身とのかかわりのなかで考えているかどうか。

通常イメージされる評価と異なる点は、他者と比較した上で数値等による評定を下すのではなく、その子ども自身の中での変化について記述すること、そして、良いところを書くようにすることだろう。

ここでも現実的に考えてみたい。まず、教員は、いったいその子どもの道徳性の変化をどのようにして知ることができるのだろうか。具体的には、一面的な見方から多面的な見方に変化したかどうか、自分とのかかわりで考えているかどうかということなのだが、おそらく多くの場合、授業中の発言内容やワークシートなどに記載された子どもたちの感想などをもとにそれを知ることになっていくだろう。つまり、子どもには、うまく伝わるように話したり書いたりする能力が求められることになる。そうでなければ、教員にその道徳性の変化を読み取ってもらえないのだから。いわゆる国語力といったものが必要となってくる。

また、その子どもの「良いところ」を記述することになっているのだが、誰から見たときの、いつの時点での「良さ」なのか。評価を記載するのは教員なのだから、その教員から見て良いと思ったところを書くことになる。子どもたちは、教員が何を良いと思うかを探り、それに適合するような「答え」を発言したり書いたりすることになる。

これに関連して、「いいところ探し」という実践を検討しておきたい。子どもたち同士がお互いの良いところを指摘し合い、相互の理解を深めたり、自尊感情や自己肯定感を育むことに有効であるとされている。しかし、そもそも他者からほめられたり、励まされたりしなければ形成されないようなものが自尊感情なのだろうか。それは、子どもたちを他者の価値観に依存することでしか自己を保てない状態にしていくことになるのではないか。自己肯定どころか自己否定を基盤とした服従の精神の涵養ということになるのではないか。同時に、つねにお互いの行動をチェックし合う監視社会をも実現してしまう。自分に優れているところがあるから自尊感情が高まるという論を立ててしまうと、結局は「できなければいけない」「優れていなければいけない」という脅迫観念の下で子どもたちは暮らすことになる。その判断基準は他者の中にあるという点は、これまでも随所で述べてきた。

つまり、学校において「ほめられる」という経験が、子どもたちに他者の価値にうまく乗ることを強要し、結局は自己を喪失していくことにつながっていく。通常は、子どもを「ほめること」がマイナスに作用しうるなどとは意識されない。しかし、ほめることで、子どもは教員にほめられようと努力することになる。それが常態化すれば、つねに他者の顔色をうかがいながら、どうすればほめられるかを探っていくような行動が身につくだろう。こうして、仮に表面的には「優れて」いても、つねに自信がない状態、いつ「いいところ競争」に負けるかわからない不安な精神状態に子どもを追い込むことになる。子どもたちは、今度はいったい何をがんばればほめてもらえるのだろうか、もう自分には「いいところ」がなくなってしまうのではないかといった恐怖にかられることになる。「いいところ探し」は必ず「いいところ」のインフレをまねく。そもそも自尊感情に着目するのは、一見すると問題を抱えているようには見えないが、その子を追い詰めている隠された問題があるのではないか、と考えるためである。その視点で教育のあり方を問い直すことが自尊感情を問題にする際のポイントである。自尊感情は、それ自体を操作対象にして向上や低下を論じるものではない。

現実的対応として評価問題を解決するために、学校現場では、たとえば、子どもたち自身に自分の道徳性に関して振り返りをさせて、自己評価をさせ、それを基に教員が評価をしていくという方法が発案される場合もあるだろう。実際に、中学校の道徳の教科書には、最後に自己評価欄のページが設けられ、子どもたち自身に自らの心の状態の変化について確認させる形のものもある。

しかし、この自己評価という手法は、とても危険である。そもそも心の状態が評価対象にな

っていること自体が問題であるにもかかわらず、それを子どもたちに強いることによって、心は評価対象になりうるということを自然と受け入れさせることになる。しかも、中学校の教科書にある自己評価欄は、文部科学省が避けるべしとした数値や記号等による段階的な評価となっているものが多い。これによって、「心とは評価対象になりうるものなのだ」ということだけではなく、「心の状態は数値化できるものなのだ」というメッセージが子どもたちに確実に伝わってしまうだろう。評価を無効化する手法として、単純に全項目に同じ評価をするといったことも考えられるが、それだけでは評価しようとすること自体の問題性には迫れない。

(3) 公権力と評価の問題

「評価」するということが、道徳の教科化における理念上および実践上の大きな問題点となっている。評価は一定の目標の設定があって成り立つ。どんな領域においても、その是非は問わないとすれば、一定の目標を立てることは可能であり、そこへの到達度に応じて段階別に評価することは可能である。授業は、基本的には、一定のねらいを立てて実践されるものなのだから、このスタイルは道徳の授業においても実行可能である。

一般的には、「道徳的」であることは「良い」ことなのだから、一定の目標（考え方やそれに基づく行動）を提示することは悪いことではないと考えられるだろう。しかし、それを提示しているのは（公立学校の場合には）「公務員（教育公務員）」である。その前提で、公教育の中で実施される道徳教育を一般的な言葉に置き換えて表現すると、どうなるか。「一般市民の生き方や考え方について、国によって良しとされる一定の内容が示され、公務員がその内容に沿って各人の心を変化させるように働きかけ、その変化の様子をチェックし、一定の評価を下し、その結果を公文書（指導要録）に記載し、一定期間保存する」ということになるだろう。まず単純に「何のために？」という疑問がわいてくる。しかし、学校教育の枠組みにおいてこれが実施されると、統制が統制として意識されず、むしろよいこととして受け入れられてしまう。

「特別の教科 道徳」における評価行為とは、人々の内心のあり方を公権力が問題視してよいということの承認なのである。ここでは、どのような評価のあり方がよいかといったこと（方法や技術）が重要なのではない。評価の「まなざし」が公認される点が問題なのである。内心を公的に問題にしてよいという「形式」がつくられてしまえば、どんな基準で評価するかは後からいくらでも設定することができる。道徳的価値の内容が問題になってくるのはその段階なのだが、そうなってしまっては、もう遅いのである。評価対象として承認されている以上、どんな基準で評価しようが、そのこと自体にはあまり重要性はない。人々の話し合いによってその基準を決めればよいではないかといった発想もあるだろうが、それは民主主義とは相容れない。むしろ、みんなでお互いの心をチェックし合う不寛容で閉塞感のある社会状況が生み出されるだけである。先の「いいところ探し」の問題点を思い出してほしい。これらは、評価方法を工夫すれば解決できる問題ではない。

しかし、心の中（道徳性の変化）というきわめて私的な領域が公的な問題の俎上《そじょう》にのせられていくことに、多くの人は危機感をもっていない。このような「形式」を軽視していると、示された「内容」が多くの人の合意を得られやすいものであるうちはよいが、そうではなくなったとき、それを止めることができなくなってしまう。

3 教科書の問題

(1) 多面的な見方の否定

要するに、評価の問題は、評価すること自体に問題があるということになるのだが、それでも学校現場としては授業をし、評価をしていくしかない。どう評価していくかは、教科書の内容をどう扱っていくかと連動している。そこで、教科書が、評価という観点からどのようにつくられているかを確認しておきたい。たとえば、「一面的な見方から多面的な見方に」変わっていったかどうかが評価の観点として示されているのだが、実際の教科書のつくりをみてみると、むしろ逆となっていることがわかる。もちろん、この評価の観点には、子どもは「一面的な見方」しかできないという偏見が含まれているので、すでにその時点で問題があるのだが。

具体的に考えたほうがわかりやすいので、「かぼちゃのつる」という有名な読み物教材を例に教科書の問題点を指摘したい。

この教材は、小学校1年生用としてどの出版社からの教科書にも載せられている。話の内容は、次の通りである。

主人公であるかぼちゃが、自分のつるをどんどんと伸ばし、それはスイカ畑にまで入り込んでしまう。道路にもつるは伸びていく。迷惑だとして犬や蝶などがそのことを注意するのだが、かぼちゃはそれを聞き入れない。そしてついに、かぼちゃは、走ってきた車につるをひかれ（切れてしまい）痛い思いをし、泣く。

この教材で扱う内容項目は「主として自分自身に関すること」に分類されている「節度、節制」とされている。学習指導要領には「健康や安全に気を付け、物や金銭を大切にし、身の回りを整え、わがままをしないで、規則正しい生活をすること」とある。実際に、この教材の最初のページには、たとえば「わがままばかりしていると」といったように、この教材で何を考えねばならないか、子どもたちにもわかるように書かれている。そして、教材の後に設けられている「学習の手引き」（出版社によって表現は異なる）の欄には、子どもたちへの問いかけとして「なぜ、かぼちゃはわがままなことをしてしまったのでしょう」といった趣旨のことが書かれている。つまり、「わがままを言っていると痛い目に合う」という恐ろしい話の展開によって、「わがまま」はいけないというメッセージを、わかりやすく、そしてしつこく伝えようとしているのである。

この教材提示のどこに問題があるのか。それは、子どもたちが考え、議論する前に、教科書自身がかぼちゃの行為を「わがまま」だと価値判断してしまっている点にある。一面的な見方から多面的な見方になったかどうかが評価の際の観点であったはずなのだが、最初からかぼちゃの行為をわがままだと決めてしまったのでは、多様である（多様になる）はずの子どもたちの意見を一面化していくことになってしまう。

かぼちゃの行為は本当に「わがまま」だと判断していいのか、まわりが迷惑していたとしても、事情も聴かずにつるを切られるという罰を与えられてよいのか。かぼちゃの畑が狭かったのではないか。あるいは、かぼちゃはとても元気で身体を思いっきり動かしたかったのかもしれない。もしかすると、スイカさんと友達になりたくてつるを伸ばしてきたのではないのか、といった具合に、子どもたちの頭の中は実に多様なことを考えるはずである。ところが、このような多様な意見は、最初から封殺されている。

どういう行為を「わがまま」だとするかは各人で違うかもしれないが、「わがまま」が価値としてマイナスであることは子どもたち全員が知っている。したがって、「わがままはいけない」というテーマだと最初からわかっているのだから、「わがままはよくないと思います」という趣旨の意見しか出ない。多様な見方になるはずがない。要するに、教科書通りに授業をすれば、現在の社会の中で良しとされている特定の価値観に着地するようになっているのである。そうなるようにわかりやすく誘導している。

文部科学省は、道徳の教科化にあたって、さかんに「考え、議論する道徳」になるのだとしていたが、実態としては、まったく逆になっている。[7] これまでの「道徳の時間」での実践のほうが、評価がなかったおかげで、特定の着地点を無理に示す必要はなく、いわばオープンエンドで終われる可能性があった。いろいろな考えがあるね、といった具合に。ところが、教科となり、教科書がつくられたことで、かえって窮屈になってしまっている。教材を読む前に考える方向性が示され、読んだ後も何を考えるかが指示されているのだから、子どもたちは、教員が求めている答えをすぐに見抜く。それでも、その枠に収まらない発言をする子どもがいたとすれば、むしろそれをきっかけにして「いじめ」に至るケースも考えられる。

7 教科書の読み物はあくまでも議論のきっかけなのだというとらえ方をして、一面的な結論に着地させないという実践の工夫はありうる。このこと自体は、学習指導要領を逸脱したことにはならない。しかし、これが成り立つには、「学習の手引き」等が邪魔になってしまう。

(2) 偏見や差別の助長

このように、子どもたちは、最初から提示されている内容項目に沿って教材を理解しようとするので、授業はかなり硬直化することが予想できる。それに加えて、読み物の内容そのものが子どもたちに偏見を与えてしまうものも少なくない。たとえば、家族の姿が描かれている教材は多いが、両親がいて子どもが2人といった構成であったり、稀ではあるがひとり親家庭が登場するときには、子どもは幸せそうには描かれない。いずれにせよ現実社会の多様な家族のあり方はまったく反映されていない。また、男性や女性の描き方も、性の多様性を前提としたものとは思えない。そして、「障害（者）」が登場する教材の多くは、偏見や差別をかなり助長するものになっている。

前章で「障害」について検討してきたので、ここで「障害者」の登場する2つの教材例（小学校）をみながら、その問題を確認しておきたい。〈　〉内はその読み物につけられたタイトルである。全文は引用せず、使われている表現を残しつつ、その概要のみ示すことにする。出版社は明示しないが、どれも、障害者が登場する教材は4年生以降に増えてくる。対象学年とその教材が扱う内容項目を（　）内に記した。

〈ぼくのちかい〉（4年、親切、思いやり）
少し足が不自由な「ぼく」がリハビリを受けに医療センターに行くと、目の前で男の子が転んだ。その子（たかし君）は両足が不自由でなかなか立ち上がれない。いままでぼくは友だちから助けてもらうことばかりで人に親切にしてあげた経験がない。勇気を出して声をかけ、「ありがとう」と言われる。うれしかった。ぼくは初めて何かをやってあげる立場になった。治療の先生も足が不自由だった。不自由でもお医者さんとして優しく診察してくれる先生。たかし君や先生に出会い、自分にもできることがたくさんあるに違いない、と思う。親切にしてあげることのすがすがしさを知る。

〈車いすでの経験から〉（6年生、親切、思いやり）
「ぼく」が困っているおばあさんの荷物を持ってあげるように手助けができるようになったのは、足を骨折して車いすに乗った経験があるからだ。入院していたが外出許可が出て、久しぶりに家に帰ろうとした。母「車いすで電車に乗れるのかしら」と困った顔。ぼく

「駅まで行ってだめだったらあきらめればいい」。母に頼みながら涙が出そうになる。駅までタクシー。運転手さんが顔を真っ赤にしてぼくを座席に乗せてくれた。ぼくは何度もお礼を言った。改札口で「車いすなんですが電車に乗れますか」と聞くと、駅員「大丈夫ですよ」「乗換駅には連絡しておきます」、母「ご迷惑をおかけします」、駅員「遠慮はいりません、仕事ですから」。2時間もかかって自宅最寄りの駅に着く。あたりはもう暗くなっていた。ぼくは自分を助けてくれた人たち一人一人の顔を思い浮かべていた。

わずか2例に過ぎないが、道徳の教材として「障害（者）」がどのように描かれているかが典型的によくわかる。他の教材も、基本的にこれと変わるところがない。つまり、障害者はいつも困っていて、誰かに助けられる存在であり、つねにお礼を言っている、「障害にもめげず」がんばって自らの努力によって障害を克服しようとしている、そういう姿が描かれている。また、取りあげられているのは、身体障害などの「わかりやすい」障害である。知的障害はほとんど扱われない。なお、「障害者」が登場する他の教材としては、パラリンピックをはじめとした障害者スポーツを取りあげたものも多い。ここでも、障害者は「がんばって」いる。いずれにしても、困っている障害者をやさしい気持ちで助ける（励ます、応援する）健常者、という構図が基本となっている。このことは、道徳の内容項目として「親切、思いやり」の教材として障害者問題が扱われていることからもわかる。

この2つの教材は、障害者差別にあふれている。まず、〈ぼくのちかい〉という教材をみて

みたい。ここでは、明確に、「してあげる」側と「してもらう」側の二項対立の下で話が展開されている。つねに障害者は「弱い」立場に置かれ、何もできないと思わされている。それでも障害者が「がんばっている」姿を知ることで勇気をもらうというストーリーである。主人公は最後に「自分にもできることが、ぼくの周りにきっとたくさんあるにちがいないと思いました」という認識に至るのであるが、第3章で確認した障害のとらえ方を踏まえれば、ここで問うべきは、これまでなぜ「できない」と思ってきたのか、思わされてきたのかということであろう。さらには、何かができなくてはならないと思ったのはなぜなのかと問わなくてはならない。

〈車いすでの経験から〉に関しては、読むだけで子どもたちに差別心をめばえさせてしまう。車いすでの移動を具体的に考えただけで主人公は涙を流すのである。車いすでの生活は不幸なのだというメッセージを子どもたちに伝えていることになる。そもそも、車いすでは電車に乗れないのではないかと心配する人が、現在においてどれだけいるだろうか。これを読んだ子どもたちは、車いすでは電車やタクシーに乗れないのかもしれず、乗れたとしてもそれは健常者の親切や思いやりによって助けられたからである、という認識をもつことになる。そして、障害者は周りの人たちに「迷惑」をかけているのだと思うようになるだろう。だからこそ、障害者はお礼を言わなくてはならない、感謝しなくてはならないのである、と。権利論が入り込む余地はまったくない。さらに極めつきは、自宅の最寄り駅まで「2時間も」かかった（通常どれくらいかは書かれていないが）ことについての不利益（というよりは権利侵害）にはまったく言及されていない。道徳の授業で「障害」について考え、議論したいのであれば、障害者に移動の制限を課している社会状況を権利の観点から問題視していく視点がなくてはならないだろう。[8]

(3) 思いやりの危険性

なぜ障害者はこんなにも困らなくてはならないのか、なぜいつもお礼を言わされる立場に立たされているのか、なぜその状況を脱するよう自分で努力しなければならないのか、このように誰かが困った状況に陥るような社会がなぜつくられたのか。このような問いがないために、「障害の社会モデル」の視点はまったく登場しない。このまま教科書に掲載された読み物を読み進めていくだけの授業が行われたとすれば、障害に対する認識を誤ってしまう。「読むだけで害のある」教材になってしまう。社会的障壁の除去を怠ることは障害者に対する権利侵害である（障害者基本法の第4条）のだが、教科書では、その障壁を障害者自身の努力によって、そして「健常者」の「やさしさ」によって解決させようとしている。

思いやりなどの心の状態を強調し、「弱者」への配慮こそが問題解決のあり方として肯定的に示されていくとすれば、その「弱者」自身が、自らを弱者に追い込んだ社会を批判し、権利を主張していくことについては否定的にとらえられていくことになるだろう。そのような「主張」は「わがまま」だとされるか、「煙たがられる」ことになる。障害者は健常者が「やさしくしてあげる」対象なのであって、その「やさしさ」に対してお礼を述べるのが当たり前だと

8 第3章で述べたように、２０１６年7月に神奈川県相模原市で起こった障害者虐殺事件は、人が生きるということに対して、役立っているかどうかという「生産性」のまなざしで評価してよいという思想の存在とそれに基づく行動がどのようなことになるのかを明らかにした。しかし、そのようなまなざしの差別性とそれを正当化しようとする考え方がなぜ形成されてしまったのかを突き詰めようとする政策的な動きは見えない。「障害者」に対するそのような「まなざし」がいかに形成されたのか、まさに教育の問題であるはずだが、道徳の教科書は、この課題に応えていないどころか、逆効果にさえなる教材を載せている。

いうストーリーに慣れきってしまったとすれば、子どもたちは、障害者自身が自らの権利を主張するなどといったことは考えることさえできなくなるだろう。社会環境を問題視せず、一方的に「障害者」に分類され、温情をかける対象に仕立て上げられた「障害者」が、自分たちは差別されているのだと言って行動を起こしたなら、その動きは、ヒステリックに否定されていくにちがいない。[9]

こうして、問題の背景にある権力関係や解決のための争議的側面は排除され、温情主義的な方法のみがよしとされていく。これでは、「強者」が「弱者」に対してもつ圧倒的な力関係は不問に付され、差別構造は温存されていく。社会問題に対して道徳的なアプローチをしていくことは、個人的関係の中で問題解決していくアプローチとなり、自己救済を強調し、国や地方公共団体等の公的機関が果たすべき責任をあいまいにしてしまう。

このような批判的検討は、「障害」というテーマだからということではなく、道徳の枠内で社会的問題を扱えば、どんなテーマであっても、つねに成り立つこととなる。

9
思いやりを重視するアプローチは、権利や尊厳の価値を忘れさせてしまう。この点の問題については、川内美彦『尊厳なきバリアフリー』(現代書館、2021年)を参照。

4　人権教育と道徳教育の関係

(1) 権利問題の視点

小学校2年生に配当されている教材に「およげないリスさん」という話がある。内容は、次の通りである。

アヒル・白鳥・カメ・リスが友だち関係として登場し、池の中の島にある公園に遊びに行く。リスは泳げないから置いて行かれる。でも、島に行った他の3匹は、遊んでいてもなんだか楽しくないと感じる。次の日、カメの背中にリスを乗せ、みんなで島に行く。

この教材の内容項目は、公正、公平、社会正義ということになっている。[10] では、実際の授業で、この話を内容項目に従ってどのように読んでいくか。

まずは、特定の者、ここでは泳げないリスが、他の者たちと同様の権利が享受できない状態に置かれているのだから、差別問題として扱うことができる。また、子どもの権利条約には、子どもたちには遊びやレクリエーションへの権利があることが謳われている（第31条）のだから、それに照らせば、遊びに行けないリスはその権利が奪われた状態にあるといえる。

このような方向でこの話を読んでいけば、当然、島へ橋をかけたり、船で渡れるようにする、

10　これは道徳の教科化の前から扱われている教材で、そのときには、「友情」という項目で扱われることもあった。

あるいは、リスが行けるような別の場所にも公園をつくらねばならない、ということになるだろう。バリアフリーやユニバーサルデザインがイメージされるかもしれない。少なくとも、みんなで仲良くしてリスを助けてあげよう、やさしくしよう、という話だけで終わることはない。みんなでこの権利侵害の状況をどう解決するかが話し合われなくてはならないだろう（実際の授業で権利侵害という言葉を使うかどうかは別として）。

しかしながら、実際には、やはり「やさしさ」や「正義感」といったところに着眼しやすい。「道徳」である限り、その方向性は捨てきれないし、逆にその視点がなくなれば、おそらく「道徳」ではなくなってしまう。だからこそ、社会的な課題が強く出ている話を扱うことには注意が必要なのである。先に見たように、内容項目には集団や社会に関する項目がいくつも入っている。道徳で扱うことに向いているものとそうでないものとの識別を丁寧にしていく必要がある。そうしないと、社会的な課題はすべて心の状態によって解決可能であるという錯覚を与えてしまう。戦争に関連する教材も道徳の教科書には登場するのだが、人々の心のありようによって戦争が回避できると思ってしまうとすれば、たとえば、日本国憲法に謳われている戦争放棄の規定はまったく意味をもたなくなってしまう。「国権の発動」という側面が意識できなくなれば、小学校6年そして中学校での社会科で扱われるはずの権力の暴走に歯止めをかけるという憲法の性質の意味が伝わらなくなってしまう。

戦争は極限の状態なので例としてはふさわしくないと感じられるかもしれないが、あらゆる社会的課題・問題に対して（その是非論も含めて）国家権力への分析視点を欠いた状態でアプ

ローチすることは危険である。[11]

(2) 人権教育の視点

社会的な観点を活かして授業をつくろうとすれば、どうしても人権教育の要素が入ってくる。では、人権教育は何を目指すものなのか。それは、「人が自らの権利を知り、権利の主体として、それを実現するために行動すること」であり、そのことが「人間性の回復であり、社会を変えることにつながる」ような教育のことである（阿久澤麻理子「人権教育再考」、石埼学・遠藤比呂通編『沈黙する人権』法律文化社、2012年、33～54頁、35頁）。ここからすぐにわかることは、人権教育は、社会変革にかかわっているということである。そのためには、構造的な問題把握が欠かせない。この点は、道徳教育がいわば「心構え」といった内心に焦点を当て、その枠組みにおいて問題を把握しようとしていることと大きく異なる。

「人権」とは、アメリカの独立宣言やフランスの人権宣言等の歴史をみても明らかなように、「獲得」されてきたものである。それは、その時々の社会体制の中で虐げられ、人間としての尊厳を踏みにじられてきた人々が、自らの人間性の回復を「人権」や「権利」という概念で表現し、権力と闘うこと（レジスタンス）によって勝ち取ってきたものである。「人権」は、人が生まれながらにもっている「天賦《てんぷ》」のものというイメージで語られることが多いが、それは、何もしなくとも、実態として、出生とともに確保されているという自然状態を言っているのではない。「天賦」だととらえることでさまざまな権利侵害を告発し、さまざまな変革を実現し

11 ユネスコ憲章の前文は、「戦争は人の心の中で生まれるものであるから、人の心の中に平和のとりでを築かなければならない」と謳っている。この表現は、道徳性によって戦争は回避できるといった誤解を招きやすい。前文の後半には、「客観的真理が拘束を受けずに研究され、かつ、思想と知識が自由に交換されるべきこと」が求められているとあり、このことと合わせて理解される必要があるだろう。つまり、自由な批判精神の保障によって課題に立ち向かっていくことの重要性である。

ようとする「市民的抵抗」や「闘争」が前提となっているのである。そのような場面と重ねて人権教育をイメージすることが重要である。

したがって、人権教育にとっては、まずは、いま自らが生きている一定の歴史的条件の中にある社会についての分析が不可欠となる。そして、そこでの人々の暮らしをどう理解していくか、それを踏まえて社会をどのように変革していくかを問うことになる。今日で言えば、グローバル化した経済情勢および国際的政治情勢の中で、格差や差別、紛争等の多くの問題状況にどのように向き合うか、その中でどのように生きるかを問うことになるだろう。ここでは、相互にやさしく、思いやりをもって接すればよいといった問題解決のイメージではなく、たとえば、人権や権利を守るためにどのような法制度が必要なのか、どのような社会体制が望ましいのか等、権利侵害をしうる国家をいかに変えていくかという方向の思考が求められていくことになるだろう。

人権教育がこのような性質のものであるとすれば、権力によって人々を抑圧しようと考えている者にとっては都合の悪い教育ということになる。自らの権利を学ぶことは、生活の現実を見つめ直し、そこに問題を発見し、何らかの要求をしていく「声を上げる活動的市民」をつくり出すことになるからである。[12]

しかし、学校現場において、子どもに権利を教えたのではわがままになってしまう、あるいは学級がまとまらなくなってしまうといった発言を聞くことは稀ではない。これまでの教師と生徒との関係が、教えるべき知識を完全に所有している者と教えられるべき知識が完全に欠落

12 「人権教育及び人権啓発の推進に関する法律（２０００年12月6日法律第１４７号）」の第2条によると、「人権教育とは、人権尊重の精神の涵養を目的とする教育活動」だと定義され、さらに、「人権啓発とは、国民の間に人権尊重の理念を普及させ、及びそれに対する国民の理解を深めることを目的とする広報その他の啓発活動（人権教育を除く）をいう」となっている。つまり、人権教育や啓発は、個人の精神を涵養し、理解を深めていくことだとされているのであり、道徳教育が目指すものに近いことがわかる。このような形で「人権」の大切さが法的に表現された状況下では、人権侵害の社会的状況を分析し、社会体制等の問題としてそれを位置づけることはむずかしくなる。

している者といった二項対立を前提とした圧倒的な権力関係のことだとすれば、その不安は当たっている。どんなにつらい環境であろうとも、その権力関係の下では子どもは「おとなしく」しているしかない。子ども自身も、自らを未熟な者として自己規定している（正確には「させられている」）からこそ、自分が希望した場所でもないところに日々通い、選んだわけでもない者からの話を何時間も聞くことを受け入れることになる（この点はすでに第1章で明らかにした点である）。人権の観点は、当然、教師と生徒との間の権力関係を問い直していくことになる。

教師のもつこのような「不安」が、「子どもの権利条約」の理解を不十分なものとし、学校への定着を阻む要因ともなっている。この条約の核は「子どもの最善の利益」と「子どもの意見表明権」であり、まさに人権教育の基本である。このことが、否定的に受け止められている限り、学校における道徳教育の実施に不安を抱かざるを得ない。そこで、少しでもよいので、人権や権利といった観点から道徳教育の実践をつくっていくことはできないか。人権教育と道徳教育とは課題設定の仕方等そもそも異なる性質のものではあるが、これまでの教育実践の歴史の中で、地域によっては、「道徳の時間」において「人権教育」が取り組まれてきたことも確かである。両者の違いを意識しつつ、両者の部分的な接合は今後も考えられてよいのではないか。

(3) 人権の視点から道徳教育をつくる

「特別の教科　道徳」の検定教科書の問題点はすでに確認した通りであるが、それを使用し、どのように子どもたちの道徳性（の変化）を評価していくかは学校現場にとって大きな課題となっている。生活の中での具体的な人間関係における生き方や価値観にかかわる道徳性に関して「教科書」をつくることができると考えること自体の問題性と、その道徳性を「評価」するために内心に対して公的まなざしを向けざるを得ない状況の問題性とが解決されないまま、いま、学校では道徳の授業が実践されているのである。

そこで、似ている部分もある道徳と人権との重なりを活かした実践づくりの可能性を考えておきたい。

たとえば、人権の視点から、次のような問いかけを子どもたちにしていくことは可能であり、また必要なことでもあるだろう。そして、実際の生活においても必要な視点となるはずである。

学習指導要領には22の内容項目が列挙されていることはすでに確認した。その中の「正直、誠実」という内容項目には、「うそをついたりごまかしをしたりしない」と書かれている。しかし、現実の生活の中に「うそ」はたくさんある。むしろ、うそがつけることが重要である場合も多い。つまり、「うそをつかないように」という道徳的視点とともに、なぜ実際には「うそ」が多いのか、あるいは社会関係においては「うそ」は重要でさえあるのはなぜなのか、と問うてみてはどうか。

「希望と勇気、努力と強い意志」の項目では、「自分でやろうと決めた目標に向かって、強い意志をもち、粘り強くやり抜くこと」が求められている。しかし、意志を強くもつことは簡単ではない。また、やり抜きたいけれどできないときもある。では、やろうと思っていたのに、なぜ、できなかったのか。どんな阻害要因があったのか。あるときには、「やり抜こう」とすることによって精神的に追い込まれていく場合もある。適切な状況判断によって方針を変える勇気も必要なときもあるだろう。

「規則の尊重」は、道徳教育ではつねに重視される内容である。しかし、規則は守るためにあるわけではない。危険を回避するためであったり、お互いの人権を尊重し合うためであったり、規則が守っている（守るべき）ものが何なのかが意識されてはじめて規則自体を守る意義がわかってくる。このことを重視しなくてはならないだろう。もし、規則を守ることができなかったとすれば、「守りましょう」という説教的で指導的な観点からではなく、「なぜ守れなかったのか」と問いを立て直してみると、規則自体の問題性が浮かび上がってくるかもしれない。

さらに言えば、「自然愛護」の項目では、「自然や動植物を大切にすること」、「自然環境を大切にすること」とされているのだが、そもそも人間は一定程度の自然を破壊しなければ生きていけないという現実も直視する必要があるだろう。たとえば、オリンピックのために山が削られ、生態系がダメージを受けることに対する反対運動が教材として取りあげられることは少ない。「命の尊さ」を学ぶ際には、捨てられた犬や猫の殺処分が教材化されてもいるのだが、当然ながら、これは動植物を大切にしようという心構えだけで解決できる問題ではない。原発の事故による甚大なる被害も、「自然環境」という観点を大切にするのなら、教材化していくべきだろう。

単に心の問題として考えていくこととは別に、ここで示したような「なぜ」という問いを手掛かりにして、より身近な課題として、22の内容項目を理解することができるのではないか。先にもふれたように、いわば「思いやり」アプローチでは、私的な人間関係の中での問題解決がイメージされ、人権を実現する公的機関の責任や法的・制度的な解決の筋道が見えてこなくなってしまう。もちろん、道徳教育とは別に、このような権利教育といったようなものが学校の中で実践されているなら、両者の住み分け論もありうるかもしれない。しかし、現実には、学校全体として子どもの権利条約の趣旨さえも軽視され、あるいは危険視される状況であるならば、少なくとも、社会的な観点から課題設定をしていくことで、心の状態に着目することを主とする道徳教育に別の視点をさしはさみ、教科書の教材を議論のきっかけとなるように教材化し直す作業が必要となってくるだろう。

(4) 子どもの全体を見ようとする危険性

学校は、子どもたちの生活全体を理解すべき対象としている。子どもたちの生活実態を踏まえなければ、その子どもの教育実践上の課題をつくることはできないからである。「人権」に着目しようとすれば、このことは大前提となる。だからこそ、道徳教育と人権教育とを「特別の教科 道徳」の中で結びつけていくことには注意が必要になる。なぜなら、「評価」しなければならないからである。「評価」はあくまでもその教科という枠の中での評価でなくてはならない。一方で、人権の観点からは、ふだんのその子の発言や行動などをもしっかりと見つめていかなくてはならない。これが評価と融合してしまうと、その子に関するさまざまな情報を入れ込んだ形での、いわば「人物評価」のようなものが、「特別の教科 道徳」の評価として記載されていくことになりはしないか。この「評価」を梃子《てこ》にして、学校が子どもたちの存在そのもの（人格全体）を評価対象にしてしまうことのないように注意する必要がある。人権教育が目指しているのは、広く言えば人権課題解決のための社会変革であり、自己責任・自己救済として社会的課題が扱われていかないように、公権力による権利侵害の状況を明らかにし、その解決を公的に主張していこうとするのが人権の視点である。

そもそも、道徳に関する評価はむずかしい。たとえば、算数の時間で学習したことを、休み時間中の遊びの中で活かせてなかったとしても、それが算数の評価に取り入れられることはない。しかし、「特別の教科 道徳」では、道徳性の変化を評価せよと言われている。ということは、たとえば、道徳の授業中には「やさしくすること」について教科書通りに「正しく」発言し、理解を示していたとしても、授業時間以外の場所で、仮にその子が他者に「やさしくない」言動をしていたことが教員に明らかにわかっている場合、あくまでも教科としての評価なのだから、授業時間中の発言のみによって評価することに教員自身が納得するかどうか。評価の観点である道徳性の変化を授業の中のみで判断すること自体の困難性がある上に、その子どもの生活実態を見つめた上での実践的課題が重なってくれば、問題は複雑化してくる。さらに、学習指導要領に従えば、学校教育全体を通して道徳の指導はなされることになっている点も思い出せば、なおさらである。

文部科学省は、内容項目を学習の手がかりとして、考え、議論する道徳教育を展開すべしとしているのだが、すでに確認したように、教科書のつくりを見る限り、それはかなりむずかしい。しかも、「評価」を付ける教員にとってみれば、内容項目に沿って着地点が明確であったほうが授業はつくりやすい。そこで、教科書に明示されている通りの授業展開にしておけば間違いないだろうという思いが働き、議論の手がかりどころではなく、実態としては内容項目を教え込むことが多くなってしまう。この点で、道徳の教科化は、価値統制として批判されることが多い。しかし、より現実的には、それを超えた人格統制にもつながる危険性を含んでいるとみたほうがよいのではないか。

第5章「校則」

1　何のための校則なのか

(1) 髪染めをめぐる問題

　大阪で、生まれつき茶色い髪をしている女子高校生が、教員から髪を黒く染めるよう何度も「指導」され、精神的な苦痛を受けたとして、損害賠償を求める訴訟を起こしたことが大きく報道されたのは、2017年であった。この事件については、インターネットなどでも報道内容がいくつか紹介されている。それらによると、この生徒は、中学生のころから同様の指導を受けていたとのことで、保護者もそのことを心配し、染色や脱色を禁止していた高校側に髪が生まれつき茶色いことを伝えていたとのことである。もちろん、この生徒は「生まれつき」なので、染色や脱色には該当しないはずなのだが、学校側の説明によれば、「生来的に金髪の外国人留学生でも、規則では黒染めをさせることになる」と述べたとも報道された。生徒は黒く染めることに応じはしたものの、色が戻るたびに染め直すように言われ、ある時には染め方が不十分だとの理由で、授業への出席が禁じられたこともあったようである。明らかに学習権の侵害である。繰り返しの髪染めで頭皮などに健康被害も出たらしい。結果として、不登校状態にもなった。[1]

　このようなことは、おそらく全国で起きているのだろう。これを人権侵害も甚だしい、驚くべきことだと受け取る人がかなりいると信じたいが、一方で、「行き過ぎ」かもしれないが方

1　千葉でも同様の「指導」があったことが2020年11月に報道された。「女子生徒の髪先が赤みがかっているとして、生徒指導の教諭らがゴミ袋をかぶせて髪に黒染めスプレーを吹きかけていた」とのことである(東京新聞2020年11月7日付記事より)。

向性は間違っていないとする意見もかなり多いはずである。なぜなら、大阪での髪染めの事件以降、各地で「地毛証明書」なるものの存在が明らかになったからである。学校現場では、「間違った指導」をしないために必要なものだとして受け入れられているとのことである。つまり、「間違って」地毛の茶色い生徒に髪染めを強制しないように、ということなのである。しかし、このこと自体、すぐには理解ができなかった。髪の色を問題にしたり、黒く染めさせようとすること自体が「間違った」指導（もちろん「指導」などではなく「犯罪」と言いたいのだが）のはずなのだが、学校現場の関心はそこではないらしい。髪を黒くさせること自体には何の疑問ももたれていない。憲法は校門を入っていかないということを何十年も前に聞いたが、今でも状況は変わっていない。校門の外で、他者を捕まえて髪を強引に染めたり、切ったりすれば、刑法に基づく明らかな犯罪となる。

その一方で、教育の世界では「多様性」の尊重が流行している。髪染めを強制した学校では、教育方針としてけっして「多様性」の尊重などには同意していないのだろうと思いたい。留学生といえども髪が黒くなければ染めさせるのだから、その方針は徹底している。この学校では、学習指導要領（地理歴史・公民）の内容とは食い違いが起こってしまう場面もあるだろうが、「多様性」「自由」「平等」「権利」「国際化」といったことをひとつひとつ否定していかなくては、生徒たちもかえって混乱してしまうだろう。

大阪の報道があってすぐの時期に、教育に関するある国際会議に参加した。その折、この髪染めのことを発言した。ヨーロッパ諸国およびアメリカからの参加者が50人ほどいたが、最初は、わたしが何を言っているのかまったく理解されなかった。おしゃれなどで髪を染めることはあるかもしれないが、まず、そのことがなぜ「指導」の対象なのかが伝わらない。ましてや地毛の色が気にくわないからといって、学校がなぜひとつの色を指定して染めさせるのか、きわめて不思議な光景と言うほかないからである。そのうち、事態が理解され始め、参加者の顔色（表情）がみるみる変化していったことは今でも忘れられない。皆、恐怖心が顔にあらわれていた。

「頭髪指導」という言い方がいわば業界用語のように違和感なく用いられている状況の異常さを感じる。明らかに人権侵害である。しかし、ここで学校ばかりを責めるわけにはいかないという見方もある。高校生の髪の形や色、服装などの身なりに関しては「世間の目」が強い圧力となっている、ということなのである。「世間」の概念自体はきわめてあいまいなもので、少なくともとても狭い人間関係のことなのだといった特徴は、すでに阿部謹也によって明らかにされている（『「世間」とは何か』、講談社現代新書、1995年を参照）。学校（教員）はつねに「世間」と闘い続けているのかもしれない。本当は、その「世間」の中に教員たちも入っていると思うのだが。

(2) 制服を着るということ

頭髪とともに「校則」と言われて多くの人がすぐに思い浮かべるのは「制服」であろう。これも、きびしい「指導」を受ける。ボタンの留め方やスカートの丈、そのひだの数などもチェック対象となる。

髪と同様に制服も、指定された一定の型からはみ出すと「荒れのあらわれ」「非行」とみなされる。そこに大人たち（とくに教員）は、「反抗」的態度を読み取る。それゆえに「指導」の対象となる。しかし、それは本当に「反抗」なのだろうか、あるいは何に対する「反抗」なのだろうか。


そこで、まずは一般的に「制服」でイメージされることから考えてみたい。

制服と言われてすぐに思いつくのは、職業と結びついているという点ではないか。軍人や警察官、消防士などはわかりやすい。医者や看護師も、それを制服と表現してよいかどうかはわからないけれども、見ただけですぐにそれとわかる服装をしている。公的な決まりはないけれども、銀行や百貨店の職員も、また、空港で働く人たちも、同様である。もちろん、ある仕事を効率的にこなそうとした結果（それが必ずしも合理的とは限らないが）として一定の服装に統一されてくる（あるいは相互に似てくる）という意味で、制服のような印象を与えることもあるかもしれない。このようなことを背景に、たとえば、警察官を装った詐欺なども成り立つことになる。また、もう少し歴史的なことを加えていけば、身分と服装との強いつながりも指摘できる。たとえば、貴族と一般市民の服装はきびしく区分けされていたことに気づく。一方で、皆が同じ服装をすることによって、抑圧への抵抗の意志を示すということも起こる。

このことを学校での制服に当てはめて考えれば、それがどういう機能を果たしているかはわかる。制服を着ていれば、（どんなデザインでもそれが「学校の制服」だということがすぐにわかるというのも、考えてみれば不思議なことなのだが）すぐにどこかの学校の「生徒」だとわかるし、そのような「身分（!?）」として見ようとする者がいることも確かである。それを抵抗のシンボルにするかどうかは、「生徒」の側の意識によっているかもしれないが。

校則との関連で言えば、その制服の着方が「指導」の対象なのだとすれば、そもそも服を着るという行為の意味も入れ込んだ議論をしていく必要がある。

服を着るとはどういうことなのか。少なくともそれは、単に機能的な理由（たとえば寒いから着るなど）で、どんなものでもその目的を満たせばそれでよいとして着ているわけではないことは確かだろう。もし、一定の機能を満たせばよいだけならば、形や色などはまったく関係がないはずだが、わたしたちはそれを重要な基準として服を選んでいる。服を着て生まれてくる人間はいないので、最初は誰かから「着せられている」のだが、自ら服を「着る」ようになる段階で、服を選ぶという行為が発生してくる。[2]

制服の機能として、それを着ることでその人の職業が明確になるという例からもわかるように、服を着ている者を周りの者がどう見るかということが大切な観点である。普段の生活で服を着るときも、この点が大切となる。つまり、自分がどういうものとして他者に映るか、どういうものとして自分を見せるか、という点が服を着るという行為にとって重要なのである。服を着るということは、きわめて社会的な行為だということになる。

だとすれば、自分とは何かについて悩む時期と言われている思春期に、「制服指導」が重なることの問題性がよくわかる。自己の存在について模索している時期に、服とその着方につい

2 服を着るということに関しては、ジョアン・フィンケルシュタイン『ファッションの文化社会学』（成実弘至訳、せりか書房、2007年）、鷲田清一『ちぐはぐな身体』（ちくま文庫、2005年）、同『ひとはなぜ服を着るのか』（ちくま文庫、2012年）などを参照。

ての一定の型が提示されるのである。他者からの視線を意識する中で自己のあり方を問い、「自分らしさ」を表現しようとすれば、必然的に、示された制服の着方を逸脱していく方向に進むこととなる。これは、制服に限らず、保護者から与えられた服を着るしかない状態においても当てはまる。小遣いの範囲内で、あるいはアルバイトなどをして得た金銭で、まず服や靴を買う、髪形を変えるといった行為は、「荒れ」の兆候どころか、しっかりと自己を見つめた結果といえる。もちろん、与えられたままの型を守って着ている者もいる。それも、そのような自己を選んでいるのであって、型を破っている者と同様、自己のあり方を模索する過程を経た結果である。そう解釈することが正しいのではないか。制服は子どもたちが自分に気づくきっかけになっているわけである。

ところが、「校則」は、この自己探求の旅を許さない。もし、制服を変形させるなど、その型をはみ出す行為が「反抗」を示すのだとすれば、それは、教員や校則などによる規範重視の文化に対するものというよりも、じっくりと自己と対峙させてくれないことへの「抵抗」や「異議申し立て」ではないかと思える。1990年代初めに、制服をなくすことになったある高校で、一定数の生徒たちが制服を守ろうと立ち上がったのであるが、その生徒たちは、いつも服装の乱れで指導を受けていた生徒たちであったという新聞記事を読んだことがある。詳しい事情はわからないので、これを安易に解釈すべきではないが、この場合、少なくとも、制服の型を破っていた生徒たちは、制服を着せられることを不自由の象徴だとして反抗していたわけではないことはわかる。[3]

3 今日では、デザインやファッション性を重視した制服を用意することは高校側の経営戦略の常識となっている。どんな制服を着ることになるのか、子どもたちの高校選びのひとつの指標になっている。これは、金銭面の問題を別にすれば、選択の自由を得たことになるのかもしれないが、「制服」から解放されてはいない。

(3)「校則」と「生徒心得」

ところで、そもそも「校則」をどのようなものとして理解すればよいのだろうか。結論を急げば、それは公共的な時間・空間の「利用規定」として理解すべきだといえるだろう。イメージとしては、街の公立図書館の利用規定と同じである。たとえば、図書館の利用にあたっては、静かにする、飲食はしない、貸し出しは一度に5冊まで、返却は2週間後までに、カバンはロッカーに入れる、など。これは、公共的な施設を利用するための規則であり、利用者全員が同じように図書館のサービスを受けられるような環境を維持するための規定である。したがって、髪の色や服装は関係ない。

学校の「校則」も、本来はこれと同じで、たとえば、1時間目の授業は8時40分から始まる、指定された教室で授業を受けること、昼休みは12時半から13時20分まで、体育館の利用には上履きが必要、夏休みは7月21日から8月31日まで、など。これが「校則」の内容であれば、納得はできる。これは、利用者（子ども）の権利を保障するためには必要なものである。では、誰がそれを決めるのかといえば、まずは教育課程の編成をする学校（実際には校長）であって、生徒ではない。もちろん施設利用者として不便があれば、校則に改善を求めることはできなくてはならない。[4]

ところが、現在、「校則」として規定されている内容の多くは、このような公共物の利用規定からはかなり逸脱した内容となっている。世間で語られている「校則」とは、本来は「生徒心得」と呼ばれるべきものである。先の大阪の髪染めの事件においても、高校は「生徒心得」

4 校則として服に「名札」を付けることを要求する学校がほとんどだろうが、坂本秀夫は『校則の話』（三一新書、1990年）の中で、「特に通学途上第三者から自分の知らないうちに自分の名前を知られてしまう」と指摘し、プライバシー保護の観点からも大いに問題であると指摘している。坂本も述べているように、学校に限らず、さまざまな店で接客を担当する者も「名札」を付けることが一般化しているため、そのことにあまり違和感をもたれない可能性もあるので、注意が必要である。なお、現在では、登下校中には名札を外すように指導している学校も一般化してきているようである。

としてそれを規定していた。もし、いま手元に中学校あるいは高校のときの生徒手帳があれば、見てみてほしい。「校則」と「生徒心得」とを分けて書いてあるか、「校則」という項目立てがない場合もあるはずである。「生徒心得」のなかに、授業時間のことなどが書き込まれている場合もあるかもしれない。ただ、現在は、全部ひっくるめて「校則」と呼んでしまっているために、いろいろな誤解が生じてしまっている可能性がある。

ちなみに、わたしが中学生だったころの生徒手帳がいま手元にある。約45年前のものだが、それを見ると、次のような構成で書かれている。

生徒会規約、生徒週番規定、生徒心得、夏休みの生活心得、休暇中のクラブ活動、冬休みの生活心得、図書室利用規定、校内放送規定、保健室利用規定、保健室利用証、緊急避難、公害発生時の避難、（この後に時間割を書き込む欄などが続く）

いかがだろうか。ここには、「校則」という表現は使われていない。おそらくこれら全体として「校則」と呼んでいたのではないかと思われる。ぜひ、皆さんの生徒手帳の構成も確認してほしい。[5] わたしの生徒手帳を例にとれば、「生徒心得」は4つの項目から成っている。学校生活、家庭生活、校外生活、諸届、である。「諸届」は、学割の届け出や親族に不幸があったときの届け出の仕方などが書かれている。その他の3つはいずれも「生活」についての「心得」である。「学校生活」のなかに、たとえば「始業10分前までに登校する」などの規定があ

5
わたしが通っていた高校（都立）には生徒手帳は存在せず、やや厚い紙でつくられた生徒証が配布されただけであった（生徒からみれば、学割で定期券を買うために必要であった）。入学式で校長から言われたのは、うるさいからという理由で「下駄で校内を歩かないこと」という、いわば施設の利用規定としての唯一の校則だけであった。

り、その後、「学習」「礼儀」「服装」「所持品」「環境の美化」「保健衛生」という項目が続いている。「服装」に関する内容がもっとも多い。ここに頭髪の規定も含まれている。当時は、髪を染めることが（おそらく技術的にも）一般化していなかったので、もっぱらパーマなどの変形を禁止する文言が並ぶ。また、時代を反映したものといえるが、「ロングマフラー（130cm以上）は非常に危険なので禁止する。マフラーは外になびかせない。」とも書かれている。

現在いろいろと批判されている「校則」とは、実は「生徒心得」のことだということを理解した上で、では、そのような「心得」という存在そのものをどう考えるか。

教育基本法の規定にあるように、教育の目的として「人格の完成を目指す」と書かれている限り、このような「心得」の存在自体を否定することは、なかなかむずかしいかもしれない。各学校に（公立学校だとしても）、独自の教育理念の設定はあるわけで、その側面からも、どのような生徒であるべきかといった生徒像を提示することはありうる。

このような考え方からすれば、「生徒心得」は学校側が生徒に対して求めるという性質のものということになる。そう考えると、「校則」（心得も含めた諸規則）を生徒自身がつくるといった実践は、しっくりこないことになる。わざわざ一定の形に自分たちをはめ込む規定をつくっていくことが自由だとは言えないからである。「心得」であるなら、その内容の是非はあるとしても、まずは校長に制定の権限があるということになるだろう。

ただし、公教育を担う学校が定める規則である限り、それは公的な性質をもつ。したがって、その規則が生徒の人権を侵害するような内容であってはならない。この観点から、いわゆる

「校則」は検証されなくてはならない。その検証の過程において、生徒の声を反映させ、より平等に公的施設としての学校が良好に利用されていくように規則を修正していくことはありうる。子どもが参加するというのは、こういう意味においてである。生徒が規則を定めるということではない。自分たちの権利が守られるように規定を整備することを学校（公権力を行使する側）に要求する、という形にならなくてはならないだろう。

子どもの意見を取り入れて「校則」を決めていくべきだ、という実践は教育界にはずいぶんとある。それが権利保障になるといった文脈で。しかし、皮肉なことに、生徒自身が校則を考えると、それまであったものよりもかなり厳しい内容になってしまう、という実践報告をよく聞く。規則というもの自体を相対化してとらえるということの必要性が理解されていない段階で、規則を自らつくりなさいと言われれば、かなり細かいものになってしまうのは、ある意味では当然かもしれない。しかも、規則とは何らかの行為を禁止することだと理解されているとすれば、なおさらである。これまで経験してきた校則がそのようなものなのだから、そのイメージが壊れていない限り、しっかりと決めようとすればするほど、これまで以上に細かい規定をつくっていかなければ、矛盾や抜け道を防げなくなってしまう。

そこで、学校のなかで子どもたちが自らの意志をどのような形で表明していくか、その方法等の確保が重要な課題となっていく。

2 「校則」と子どもの権利条約

(1) 子どもの最善の利益

「子どもの権利条約」の重要性についてはすでにふれてきたが、とくに、子どもが権利行使の主体として十分に認識されていくことが必要である。なかでも「参加する権利」、そしてこのことの具体としての「意見表明権」(第12条)が核だと言える。子どもの権利条約第3条の「子どもの最善の利益」も、この観点から理解される必要がある。

第3条は、「子どもに関するすべての措置をとるに当たっては、公的若しくは私的な社会福祉施設、裁判所、行政当局又は立法機関のいずれによって行われるものであっても、子どもの最善の利益が主として考慮されるものとする。」と規定している。ここでのキータームである「子どもの最善の利益」は、英語では、the best interests of the child と表現されている。「利益」と訳されている部分は、interests である。interests には、「関心」「興味」といった意味もある。もし、このような訳語を当てていたとしたら、だいぶ印象は異なってくるだろう。後述する第12条との関連で言えば、むしろ、この「関心」や「興味」という内容で理解したほうがよいように思える。

しかし、この条文を考えようとするときに必ず問題・課題として挙げられるのは、何が子どもにとっての最善の利益となるのか、そして、それを誰が決定できるのか、という点である。

しかし、それはけっしてむずかしいものではない。何が子どもにとっての利益（興味や関心）となるのかは、子ども自身が決める（判断する）のである。つまり、この第3条の趣旨は、意見表明権を定めた第12条と合わせて理解されることで実現可能になる、というわけである。

(2) 意見表明権の実践的課題

子どもの権利条約第12条（意見表明権）は、次のように規定されている。これは、この条約の中でもきわめて重要な条文とされている。

締約国は、自己の意見を形成する能力のある子どもがその子どもに影響を及ぼすすべての事項について自由に自己の意見を表明する権利を確保する。この場合において、子どもの意見は、その子どもの年齢及び成熟度に従って相応に考慮されるものとする。

子どもたちは、自分に関するさまざまな事柄について意見を言うことができる、ということなのだが、もう少し踏み込んで言えば、たとえば、子どもにかかわることで政策として社会的に何かを決定しようとするときには、子どもたちの意見を聞かなくてはならない、ということになる。もちろん、大人の側の責任としては、単に意見を聞けばいいだけではなく、それに十分に配慮した決定をしなければならない、ということになる。

同時に、子どもの側にも、責任をもって発言することが求められてくる、という見解もある。

これは、一面では正しいのだが、これをあまり強調しすぎると、結局は、子どもがなかなか本心を言えないことになり、この条文の意味がなくなってしまうため、実践論としては注意が必要である。

しかし、意見を言うためには、ある程度、言語による表現力がついている子どもでないとなかなかむずかしいのではないか、と感じるのはふつうのことでもある。だから、実際に、条文も「自己の意見を形成する能力のある子ども」というように、一定の限定が設定されている、と「勘違い」されることが多い。たとえば、小学校1年生ではまだ未熟であり、やはり6年生ぐらいにならないと自分の意見を伝えるというのはむずかしいのではないか、と。また、「子どもの意見は、その子どもの年齢及び成熟度に従って相応に考慮される」という部分も、たとえば、幼稚園児と中学生とではその発言の質はかなり違うだろうから、まだ幼い子どもが言ったことについては、未熟なのだということを考えた上で、ある程度は取り入れたとしても、全面的に信用することにはならないのではないか、と。しかし、この条文をこのように理解することは間違いである。条文は、まったく反対のことを言っているのである。では、どう解釈すればよいのか。国連の子どもの権利委員会が2005年に示した見解を基にすれば、次のようになる。

わかりやすく言えば、生まれたばかりの子どもにも「意見を形成する能力」があるととらえるのである。なぜなら、不満があればしっかりと泣いているのだから。これは立派な意見表明だ、と考えなくてはならない。まさに赤ちゃんは、自分にかかわることについて、つねにしっかりと反応している。

つまり、「自己の意見を形成する能力」の〈ある子ども〉と〈ない子ども〉がいて、〈ある子ども〉に対して認められている権利だということではなく、子どもというものは、そもそも「自己の意見を形成する能力」がある存在なのだ、とこの条文は言っているのである。もちろん、うまく意見が言える子どももいれば、なかなかことばにならない子どももいる。だからこそ、「年齢及び成熟度に従って相応に考慮」されなければならないのである。しっかりと大人にわかるように意見の言える子どもの意見をより尊重するという意味ではなく、どんな子どもも正しく自分の意見を述べているのであって、それを理解できていないのは、大人の側なのである。条約は、子どもによってはその表現が伝わりにくいこともあるから、その点を大人の側はしっかりと意識（配慮・考慮）して、その子どもの意見を受け止めるようにしなければならない、としているのである。

先に述べたように、赤ちゃんが泣いている場合、何らかの意見が表明されているわけだが、確かに大人がすぐに理解できるような表現方法ではない。そこで、この子がいま泣いているのはなぜなのかを正しく理解する努力が大人の側に求められている、ということになる。赤ちゃんに限ったことではなく、どんな子どもの意見も、正しく理解されていくためには、コミュニケーションが活発に行われていなくてはならない。これは、人間的な環境の中で生活し、かかわりを深めていくことを前提とする。一定の信頼関係がつくられていて初めて、意見は正しく理解されていく。その関係の中で、子どもも、どうすれば正しく伝わるかを学んでいく。した

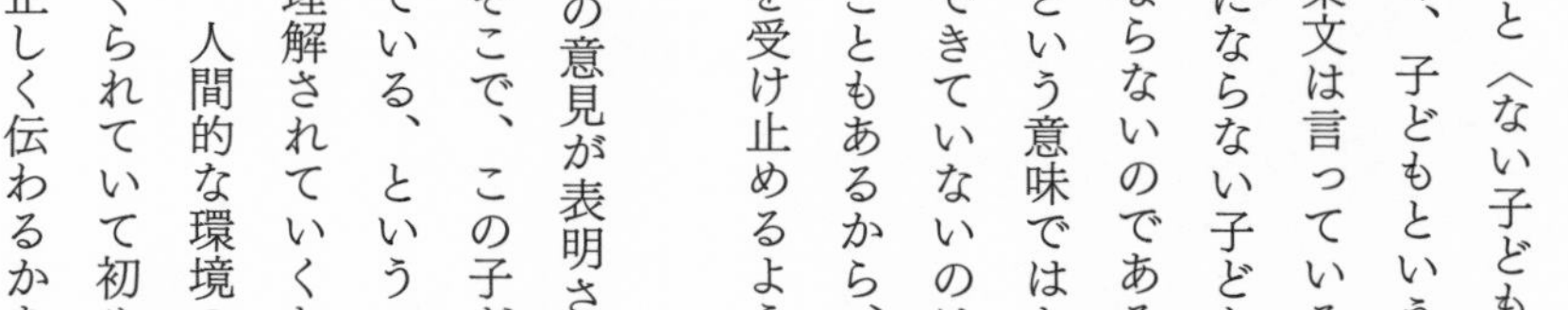

がって、このような環境が必要となる。この条約には親や家庭環境、生育環境に関する条文がいくつもある。これらを意見表明権の行使のために不可欠な環境整備として理解していくと、その重要性が一層明確になってくる。

(3) 現在の学校の特徴

ここで、子どもの権利条約との関係を見極めるためのひとつの参考として、日本の学校の「特徴」を確認しておきたい。思いつくままに以下に列挙してみた。あくまで、表面的にみえている形式上の特徴である。

各人には番号(出席番号等)がついている。
名札を付ける。
服装が統一されている(履物や髪型等も統一される場合がある)。
持ち込める物には制限がある(持ち物検査がある場合もある)。
授業(作業)時間や内容はあらかじめ決められている。
いつでも質問・相談できるわけではない。
食事の時間と内容も決められている。
登下校の時間が決められている(したがって朝起きる時間も決まってくる)。
授業(作業)中は静かにし、発言は手を挙げ、許可されたときに可能となる。

トイレに行く時も許可が必要な場合がある。
無断で外には出られない。
使用している教室などの掃除をしなくてはならない。
整列させられることが多い。
号令をかけられることがある。
規則に反すると罰則がある。
教員（管理者・監督者）の指示には従わなくてはならない。
外部とは壁（コンクリートなど比較的頑丈なもの）で隔てられている。
年に何回か全員参加の行事（教員付き添いで外部に出かける場合も）がある。
集団行動（秩序）が重視される。
一定の年数が経たないとこの環境からは出られない。

この調子で列挙していけば、もっと多くの内容を加えることができるだろう。もちろん、これらをすべて悪として否定したいのではない。すでに察しがついていると思うが、これに似た特徴をもつ場所が他にもあることに気がついてほしいだけである。それは、刑務所、病院（入院している場合）、軍隊、そして、ある種の工場もこれに該当するだろう。近代社会は、いろいろな基準で人々を管理していくシステムを多く生み出した。そこでは、なるべく人々の自由は抑制されていることが必要となる。その中のひとつが学校ということになる。[6] 象徴的な共通

6
この指摘はミシェル・フーコー（１９２６〜１９８４年）によってなされている。これらの施設では権利に対して一定の制限がかけられることになるのだが、だからこそ、むしろ積極的に権利保障が課題として語られねばならない環境なのである。『監獄の誕生』（田村俶訳、新潮社、１９７７年）や『わたしは花火師です』（中山元訳、ちくま学芸文庫、２００８年）などを参照。なお、工場などの施設では、安全性の確保という観点から一定の行動制限と厳重な監視システムが必要な場合もある。しかし、学校は工場ではない。

例をひとつ挙げるとすれば、「無断で外には出られない」状況においてそれを無視してその施設から出て行けば、「脱走」と表現される、という点ではないだろうか。これは、刑務所や軍隊では当てはまるが、果たして学校や病院にも同様のことがいえるのかとの疑問もある。しかし、病院でそのような患者をどう表現しているかはわからないが、少なくとも学校では、実際に、許可なく教室や学校から走り出て行った子どもに対して、「〇〇が脱走した！」と叫んでいる教員をわたしは何人も知っている。学校というところは、「脱走」という言葉と親和性がある。[7]

ここからわかることは、学校は、何もしなければ、「自然と」子どもたちの権利を侵害してしまう可能性をあらかじめもたされている、ということである。だとすれば、そこから逃げ出したいと思うのもごく自然な反応だということになる。第1章で確認した「不登校」の検討と重なってくる。しかし、その一方で、学校は、子どもたちの学ぶ権利を保障する機関でもある。ただし、その学びは、一定の制限の下で管理されたものとして位置づけられている。その管理の規定化が「校則」として実現されているということになるだろう。

このように整理してくると、日本に限ったことではなく、学校という機関そのものが子どもの権利条約とは相性がよくないことがわかる。だからこそ、意識的に条約の趣旨を入れ込んで学校のあり方を練り直していくことが必要になってくる。そのときに課題として検討されなくてはならないものが「校則」であろう。先ほど列挙した「特徴」の中には、施設の利用規定として必要なもののもあるはずである。

7 学校は、このような管理・監視の下での学びを安全・安心の問題として課題化している。セキュリティ(security：安全・安心)の動詞形(secure：安全にする)には「監禁する」という意味もある。確かに、閉じ込めておけば「安心」だろう。しかし、それは誰にとっての安心なのか。監禁状態で学ばれるものとは、いったいどんな性質のものなのか。

その検討の結果、利用規定としては不必要だとしても、「心得」としてはありうることだと認識されるものもあるだろう。先に「制服」について考察した折、ある種の「身分」として生徒を見ようとするまなざしの存在を述べた。法令においても、児童・生徒・学生への懲戒（退学）の基準を定めた学校教育法施行規則第26条3項には、懲戒に該当するものとして4項目挙げられているが、[8] そのひとつとして「学生又は生徒としての本分に反した者」との規定がある。ここでは、「本分」とされているものの内容は具体的に示されていないが、「生徒として」求められるものが存在していることは確かである。

3　校則の中での学び

(1)　懲戒基準にみる権利問題

このように「本分」に反したという理由で、「懲戒」が単なる施設利用規定についての違反とは別になされるものとして法定されているとすれば、「校則」の中に「心得」が混ざり込んで、一体のものとして運用されていくことに、学校現場としては違和感がないということになるだろう。しかし、公教育機関としての学校（権力行使しうる立場にある側）が、そこで学ぶ子どもたちに対して一定の「心得」を具体的に提示していくことにこそ、違和感をもたなくて

8　退学は、公立の小学校、中学校（併設型中学校を除く）、義務教育学校、特別支援学校に在籍する学齢児童生徒には適用されない。なお、懲戒処分のうち「停学」については、どの学校に通っているかにかかわらず、学齢児童生徒には適用できない。なお、懲戒処分を発動するかどうかの判断は、その懲戒のきっかけとなった行為の性質だけではなく、その子どもの平素の行動や懲戒のもつ教育的効果、また、日ごろの教員との関係性、さらには社会通念上著しく妥当性を欠いていないかどうかなど、さまざまな要素を考慮した上でなされなければならない。

はならない。

「心得」が重視されているのならば、そこでは権利としての学びは成立しないのではないか、との不安を人々にいだかせる。先の「退学」の基準の中には「学力劣等で成業の見込がないと認められる者」という表現もある。もちろん、その発動は慎重になされねばならず、さまざまな要因を考慮しなくてはならないことは前提であるとしても、この規定は、子どもたちを不安に陥れる。すでに第2章の「学力」を論じたところで確認してきたように、学力の高低は、成績を付ける側の判断によっているのであり、子どもの側がコントロールできるものではない。成績が上がるか下がるかは子ども自身の勉強の程度によるのだから、コントロールできないという言い方は的外れであるという意見はある。しかし、成績が上がるような勉強とは、いったいどのような勉強なのか。それは、教員の指示に従った内容の習得であって、子どもの側がどうにかできる性質のものではない。しかも、なぜ、成績が上がるように一定の内容の勉強をし、その成果を教員に認められないと退学させられるのか。

懲戒の規定、とくに退学に関しては、公立の小・中学校の子どもたちには適用できないとなっている。反面、私立学校の場合には、適用できる。私立学校には、明確な建学の精神があり、入試が存在し、校則等についてもその内容を知った上で契約を結んで入学しているのだから、公立の場合とは異なり、退学の適用があったとしてもよいと考える人は多い。実際に、法律もそのような規定になっており、公立学校によって確実に権利保障がなされる構造になっているのだから、私立学校の退学はありうるのだと。

しかし、本当にそのような方向で納得してよいのか。授業料の問題などをしっかりと議論した上でなければならないとしても、自らの学びをどこで行おうが、基本的には自由ではないのか。どの学校で学ぼうとも、そしてどんな成績であろうとも、他の施設利用者の権利行使を侵害していない限り、そこから追い出されることはあってはならないのではないか。成績が上がるための内容と方法で、つまり、他者の要求に合わせた内容と方法で学ばないとならないこと自体が権利侵害なのではないか。繰り返すが、成績は成績の「付け方」次第でどうにでもなる。なお、私立学校にも助成金という形で公費は投入されているのであり、公教育を担う重要な教育機関として位置づけられている。それは、けっして私教育の領域ではない。

(2) 私的領域への関心

今日、問題として取り上げられる「校則」が実際には「心得」なのだとすれば、それは学校の中だけでおさまりきれるものではなくなっていく。たとえば、地域での祭りなどの伝統行事を見学に行く際には制服を着なければならないとのきまりが設けられている学校もあると聞く。学校という公的機関の中での行動様式が、プライベートの領域にまで延長してきているのである。家庭内での「しつけ」に関しても一定の方向性が求められていることになる。「虐待」防止の観点から家庭に公的関心を向けざるを得ない状況であることもその背景にはあるが、公権力が個人の自由の領域に何らかの変更を求めていく形式が確立されていくことには注意が必要である。

家庭での過ごし方を含め各人の生活の仕方が学校での成績（学力向上）と結びつけられて論じられるとき、それが自由の侵害への第一歩となることへの警戒心が麻痺してしまう。

２００７年度から実施されている「全国学力・学習状況調査」（いわゆる「全国一斉学力テスト」）では、子どもたちの家庭での過ごし方（生活習慣）についても調査している。朝食を毎日食べているかどうか、就寝や起床時間の規則性やテレビ等の視聴時間、携帯電話等の利用時間、家族での会話や学校行事等への保護者等の参加などが調べられている。そして、これらと学習状況との相関が分析される。その結果として、もし、ある生活習慣が成績を左右しうると統計的にわかれば、成績が向上する方向でその習慣を修正していくことが求められることになるだろう。これが民主主義の危機となることだとは、なかなか気づかれない。

家庭の中での出来事を公的に問題視することの例として、東京都が２０１７年10月に成立させた「東京都子どもを受動喫煙から守る条例」を挙げることができるだろう。これは、家庭内での受動喫煙の防止を主としたものであり、保護者に対して子どもがいる室内でタバコを吸わないように求めている。家庭の中での保護者の行動のあり方を条例が定めているのである。「健康」が大切であるという誰も反対できない価値を掲げることで、自宅での個人の行動が公的な規制の対象になっているわけである。

家庭内のことも含め各人の生活のあり方という完全に私的な生活空間が、公的な規制を受けてよいのか。さまざまな生活のあり方が調査項目化され、公的にそのあり方に「課題」が見出されること自体は、その課題の内容が人々の権利保障をより確実にしていくためのものであれば、望ましいことになる。しかし実際にはそうではない。とくに、それが子どもの学力と関連づけられてしまうと、学歴が子どもの将来の生活のあり方を大きく左右する現実を前に、本来は自由であるはずの生活のあり方が、学校での成功のために変更を余儀なくされていく。少なくとも、そのような意識になっていく。その結果、生活習慣になんらかの修正を加えていくとすれば、それは文化の剝奪である。その行きつく先がファシズムであることは歴史が教えている。「学力向上」はよいことなのだから、それに結びつくのであれば家庭も努力すべきである、ということになっていく。保護者は必要とされる変容を素直に受け入れていく。むしろ、そうしないことは、子どもの教育に関心のないひどい保護者だとして非難さえまねきかねない。

ある一定の家庭環境でなければ学校での学びがうまく進まないとすれば、それは明らかに権利侵害なのである。どの子も安心して学べる学校環境が整えられていないということなのである。学びを進めていくために家庭のあり方を変えなければならないというのでは、発想が逆転している。家庭での親子関係のあり方などが、なぜ、公教育の目的遂行（実際には、経済に役立つ人材養成）に従属しなければならないのか。

実は、教育基本法の第10条に、すでに家庭教育のあり方が次のように定められてしまっている。

> 父母その他の保護者は、子の教育について第一義的責任を有するものであって、生活のために必要な習慣を身に付けさせるとともに、自立心を育成し、心身の調和のとれた発達を

図るよう努めるものとする。

ここでは「第一義的」という語が、国が定める教育目的・目標を最初に実行するという意味で用いられている。これは誤用である。もし誤用ではないのだとすれば、家庭教育は公教育であるということになってしまう。

この規定に対して、その内容自体には問題がないのではないか、との見方が出てくることに警戒しなければならない。仮にその内容が、現段階においては多くの人が賛同しうるものであったとしても、それが公的に正しいこととして提示されてよいということにはならない。とくにそれが法定されてしまうと、そのような教育をすることが保護者の義務となってしまう。「第一義的」というのは、民法の第820条にあるように、「親権を行う者は、子の利益のために子の監護及び教育をする権利を有し、義務を負う」という内容と重ねて理解されるべきだろう。子どもの教育に関しては、まずは、保護者にゆだねられているものであって、その意味で「第一義的」なのである。公教育の目的等を最初に果たすべき出先機関として保護者（家庭）は機能すべきであるということではない。

いま、「校則」として下着の色を指定する学校があることが話題となっている。校則にしてしまった以上、それが守られているかどうかのチェックは必然であり、きわめて深刻な人権侵害が公然と行われている。下着の色によって施設利用上の不都合が生じることはなく、おそらく他者の学習する権利の侵害にもならないだろう。「心得」でないことも明らかである。しかし、「校則」は、すでにここまで流れ出てきている。しかも、それを土台のところでしっかりと支えていたのは、少しでも学力が向上すればと願う多くの大人たちの思いなのである。「下着の色」という、おそらくこれ以上の人権侵害は考えられない（考えたくない）段階になってようやく、どこでボタンを掛け違えたのか、という問いが成立し始めることになった。

安部公房の作品に『壁』という小説がある。その第二部に、地面にある人の影にくいつき引きはがしてしまう獣が登場する。自分の影を持ち去られた主人公は透明になるのだが、その状況を次のように考える。「影がない以上、影の原因である肉体が消えるのも当然でしょう。原因と結果が反対のようにも思いましたが、そんなせんさくをするゆとりはありませんでした。咬え去られたのが、役にも立たぬ影だけだなどと、なんて甘い安心をしたものか。影と一緒に影の原因も奪い去られたのだ。」（新潮文庫、152頁）しかしその後、主人公は名案を思いつく。影の構造や成分また性質などを研究し、その影を再形成し、自由に取り外しができるようになれば、影を理想的なものに変えることで、肉体のほうも再形成ができ、「世界中の人間が、ことごとく天使のように美しくなるにちがいない」（159頁）と。ここでの「影」を点数等による「成績」に、「肉体」を子どもたちの「生活実態」に置き換えてみるとどうなるか。現在の教育政策がやろうとしているのは、「成績」（=影）自体を研究し、そこを理想的な形（たとえば平均点以上）にすることで、「肉体」すなわち子どもたち自身を変えようとしているのではないか。いずれにしても、原因と結果が逆転してしまっているわけなので、うまくいくはずはない。しかし、甘く考えてはならないのである。小説にあったように、「影と一緒に影の原因も奪い去られ」てしまうからである。学校教育によって、子どもたちから何が奪われようとしているのかは、すでに明らかではないのか。生きた主体そのものが消え去ろうとしている。

(3) 自発的隷従への誘惑

権利として学びをとらえるのであれば、校則によって、その権利行使がより確実になされるような環境が整えられていかなくてはならないだろう。現在進められている教育改革（論議）は、少なくとも表面上は、子どもたちが「主体的に考える」ことを目指そうとしている。[9]

このことをどう実現していくのか。たとえば、教員が一方的に学習の計画を立てるから問題が出るのであって、そこに子どもが参画していけばよいのではないか、との案はありうる。子どもたち自らが学習の計画を立てていくというアイデアには魅力があり、実践的な有効性を検証していくことも必要かもしれない。ただ、ここでも、そもそも計画が立てられると発想することの問題性は考えておかなくてはならない。これまで以上に窮屈な計画にならないかどうか。なぜなら、これまでわたしたちは、自らを苦しめるような、自由を犠牲にするような諸施策に違和感なく乗ってきてしまっていたのだから。「校則」を子どもたち自身がつくろうとすると、それまで以上に抑圧的な細かいものになってしまうという実践を思い出してほしい。もちろん、より「ゆるい」校則になればよいというものではない。どのような内容であれ、施設利用規定という枠を超えて何らかの内部規則をつくろうとする志向性が問われなくてはならないからである。そこを問題にしておかないと、権力を背景とした抑圧が私的領域にどんどん流れ込んで

9 「主体的に考えさせる」という表現がなされることもあるが、他者から「考えさせられて」いる状況をふつう「主体的」とは言わない。このような「考える力」以外にも、コミュニケーション力をはじめさまざまな「力」がいま子どもたちには求められている。「生きる力」や「人間力」といった言い方さえ登場している。子どもたちは「生きている」「人間」であるにもかかわらず。学校という場は、このようなことが何のためらいもなく言えてしまう空間でもある。

くる。

先に、成績と生活との関連性を入り口として、民主主義が危機的状況になるのではないかと述べた。では、民主主義にとって大切な点はどこにあるのか。宮田光雄は、1969年刊行の『現代日本の民主主義』（岩波新書）の中で、次のように指摘している（132～133頁）。

市民にとって本来重要なのは、何をうるかよりも如何にしてうるかであり、権利のもたらす果実よりも権利の存在そのものであるという観念は、戦後世代になお一貫して定着していないようにみえる。つまり、ここには、みずからの下した悪しき決定は、その成果をみずからの責任として苅りとらねばならないとしても、なお何らの発言権なしに自己の利益のためにとられた一方的措置よりも好ましいものである、というデモクラシーの原理的認識が、まだ相対的にみて稀薄なわけである。

ここでは、結果的にうまくいけばよいのではないか、という発想が否定されている。そのような損得の前に、いかにわたしたち自身がその責任において決定したか、その過程・手続きこそ民主主義を守るためにはもっとも必要だと述べられている。思うような成果が得られなかったとしても、それを自らの問題として引き受け、議論し、決定を下したのであれば、その失敗は次に活かすことができる。しかし、この過程・手続きを軽視し、あるいは欠落させてしまうと、もし成果が感じられなかったときには、不満しか残らない。あるいは、それで満足するように自らをだましていくか、より良いものが与えられるまで辛抱することになる。

プロセスこそ民主的社会を実現する要である。これは、何を決めるかではなく、どのように決めるかが大切であるということになる。「形式」の大切さともいえよう。[10]

しかし、「内容」を軽視するかに映るこの議論は、一見すると民主的ではないように感じられるだろう。確かに、民主的決定が必ずしも人々の自由や権利を守る内容になるとは限らない。では、「内容」が問題なのではないとは、どういうことなのか。それは、内容的に良いことだからという理由で、ある政策が正当化されるものではない、ということである。それぞれの生活の具体を背景としつつ、多様な市民が相互作用の中で社会を形成していくからこそ、その社会は存在意義をもつのである。この過程なしに、結果的に自らの生活が良き方向に行く（行きそうだ）からといって、いまの社会のあり方を正当化することは間違っている、と発想することが必要となる。たとえば、憲法の第13条にある幸福追求権について考えれば、わかりやすいのではないか。「すべて国民は、個人として尊重される。生命、自由及び幸福追求に対する国民の権利については、公共の福祉に反しない限り、立法その他の国政の上で、最大の尊重を必要とする。」との規定は、個人がどんな生活をするかの「自由」を保障している。つまり、「幸福」について、あくまでもそれを追求する権利を大切にしているのであって、何が幸福の内容であるのかは問題にしていない。国家はそのことを問題にできないし、してはならない。ある場合には、追求の結果として相互の「幸福」が衝突することが起こる。そのときには、「公共の福祉」という観点から調整が必要になる、ということである。

10 宮田の指摘から50年が過ぎた。しかし、日本では未だプロセスの重要性は根づいていないといえるだろう。これは、憲法の理念が定着していないということでもある。しかも、まだ定着していないのに、それを改正しようという政治的な動きが露骨になってきている。社会の実態が憲法に合わないから変えるのだと言われることがある。まったくさかさまの議論である。実態に合っていないのなら、憲法が述べているような社会に向けて政治が変化していかなくてはならない。いずれにせよ、憲法の理念が戦後の教育を通して、想像以上に人々に届いていなかったということになる。

日本では国家は「お上《かみ》」としてイメージされやすく、自分たちの日常の生活とは関係のないところに「公」があり、そこに自分たちの生活のありようを任せて、よき方向に導いてもらおうという発想があるとはよく指摘されることである。しかし、民主主義というシステムは、このような無責任な生き方を許していない。[11]

人々が価値の出所をどこだと認識していくかということが問題なのである。自分たちの具体的な生活の中から生み出されてくるのではなく、価値が一定の権力行使として提示されてくる構造を問題としたい。このことが、ここまで述べてきた「校則」の問題をとらえていく上で重要になってくるのではないか。

親子関係をはじめとした生活のさまざまな側面が、学校での「成功」と結びつけて問題とされている限り、その課題解決は、すべて個人に帰着するものとなる。個人の心がけ次第で課題解決できるという説明となる。確かに日常会話レベルでは、「良い」とされる生活のあり方はイメージ可能である。しかし、そのことを一律に価値あることとして前提にしてよいかどうか。また、その価値実現に向けて個人が努力しているかどうかを公的に管理・監督してよいかどうか。

しかし、人々は、学力向上という一般的に望ましいとされる価値の前では、従順である。「良いこと」を目指しているのだから、問題はないと感じてしまう。内容論に引きずり込まれ、枠組み（形式）のもつ重要性を見失ってしまう。本来自由であるはずの領域を手放してしまう。自分たちでつくりあげるという過程を省略（あるいは軽視）してしまっているのだから、改善

11
ここから、丸山真男（1914〜1996年）が「日本人の政治意識」（『戦中と戦後の間』みすず書房、1976年、342〜348頁）の中で述べたような、権力自身に価値があると考える傾向、お上の命令には正義があるのだから従うという意識についての指摘を想起した人は多いだろう。また、小熊英二がまとめているように（『誰が何を論じているのか』新曜社、2017年、110〜112頁）、ハンナ・アーレントが「悪の凡庸さ」と名付けたナチス・ドイツにおけるアイヒマンの行動原理（自分は命令に従っただけで責任はないとする発想）がここに結びつく。

したいと思ったとしても、どこまで戻って再検討すればよいのかわからず、つくり直すこともできない。したがって、次の指示を待つことになる。こうして、自ら進んで公権力に隷従していくことになる。しかも、その隷従は自覚されない。それどころか、感謝さえしてしまう。子どもや保護者をこんなにも追いつめているにもかかわらず。

『自発的隷従論』(エティエンヌ・ド・ラ・ボエシ著、西谷修監修、山上浩嗣訳、ちくま学芸文庫、2013年)という本がある。16世紀半ばに書かれたものである。監修者がまとめているように、「この小著の眼目は、圧政が支配者(しばしばただ一人の者)自身のもつ力によってではなく、むしろ支配に自ら服する者たちの加担によって支えられていると論じた点にある」(229頁)。そして、人々が気づかないうちに加担させられてしまうようなさまざまな方法が国家によってつくられていく様子が描かれている。わたしたちは、いままさに、「支配に自ら服する者たち」になっているのではないか。少なくともその誘導路に入り込んでいるのではないか。「校則」をめぐる議論は、まさにこのことに気づかせてくれる。「ブラック校則」といわれ、さまざまな驚くべき校則の内容がマスコミ等で明らかにされてきている。「校則」の存在の問題性を考えていくよいきっかけになっている。しかし、問題は、その内容ではない(もちろん、人権侵害に当たる悪質な内容は即座に廃止されなくてはならない)。わたしたちは、「校則」が学校から外に向かってじわじわと染み出してきていることに注意を払う必要がある。

終章　新たな学びのイメージを

ここまで不登校、学力、障害、道徳、校則という5つの入り口から「学び」のあり方を考えてきた。権利として、そして自由の領域としてそれをとらえることを基本として検討してきた。それゆえに、学びの「内容」や「成果」が公的に問題とされ、一定の基準によって評価されていくことに警戒し、それが生活のあり方と結びつけられていくことに反対してきた。

しかし、このことは、「本来の学び」をさまざまな抑圧から解放し、それを守るということのためではない。「本来的」「本質的」なものを語ろうとすると、どうしても議論が抽象的になりやすい。そして、「学びとは何か」という問いを立てたくなる。本書では、むしろ、そういう観点から学びをとらえない見方を求めてきた。学びを非常に具体的なものとして考えたいと思いながら、検討を続けてきた。「本質的な」学びの姿があらかじめ存在しているわけではない。したがって、抑圧する具体的なものを取り除けば、何か核になるものがあらわれるということではない。ただ、各人が生活の中で具体的に何かを知り、何かを考えるという行為を妨げているものを浮かび上がらせたかったのである。

言い方を変えれば、「何が学びというものなのか」ではなく、「何が学びだと考えられているのか」を問いたかったのである。各章を通じて、学んでいる本人の外側からそれが意義づけられていくことを問題としてきた。たとえば、学校における「評価・評定」はそのことの典型である。しかし、そのような外部からの束縛を批判し、少なくとも現実対応としては、その力を最小限にまで弱めさせることを課題として提示してきたのではない。自分が学ぶということ、つまり、生活するということそのものを権力行使しうる者に売り渡している（売り渡さざるを得ない）状況を問題としてきたのである。なるべく高い値段を付けてもらえるようにみんながんばり、傷つき、疲弊していく。そして、自己責任が道徳的価値として蔓延している中では、この抑圧的な構造を自らが支えてしまっていることに気づかせてもらえない。気づいた者は「問題」のある子どもとして扱われる。このようながんじがらめの構造から人々が解放されることを課題としてきた。

「本来的な」ことを語りたいわけではないが、以下に、学ぶという行為（このことは、すなわち生活することだと言い換えたいのだが）を解放するために、どんなイメージで「学び」をとらえればよいかをあえて列挙してみたい。

1. 準備ではない学びを

これまで批判的に述べてきた学びのあり方は、すべて「準備」という枠組みで語られてきたものである。そして、その準備はけっして本番の来ない準備だと指摘してきた。いつまで待っていても本番は来るはずはないのである。しかし、きっと何かの役に立つはずだと信じて、多くの人はじっと待っている。正確には、誰かが高値で買ってくれるのをじっと待っている。そのうちに、学校で身につけた知識・技能だけではこれからの社会では役立たないと言われ、新たな準備を強いられていく。近年、そういう意味では、じっとしていられない状況に追い込まれ、相変わらず無限の準備に取り組まねばならない状況となってきている。しかも、それが生涯学習という言葉で粉飾され、まるで学びの権利保障でもあるかのように語られていく。

「学ぶ」という行為そのものが「準備」と強く結びつけられて語られる。しっかりと学ぶためには「予習・復習」が大事だと、多くの人は言われてきたはずである。本書を通じて考えてきたことからみれば、このことは不思議なことだと言える。いったい何を「予習」するのか。予習ができるということは、学ぶ内容があらかじめ決められているということの証拠である。特定の知識や技能を詳しく知りたいということなら予習は有効かもしれない。しかし、学校が子どもに対して何が学びたいかを尋ねたことがあるだろうか。この状況における「予習・復習」とは、方向性が最初から狭められた学びに子どもを閉じ込めることになる。

学んでいるということは、そのまま社会的な活動である。何かの準備として道具を蓄積していくことではない。自らの生活や自らが生きているこの社会の構造を批判的に検討していく行為そのものである。「生きている」ということは、そういうことである。わたしたちはこのことを、とくに「識字」の概念から学んだはずである（第2章）。

2. 成長しない学びを

学びと「成長」という言葉も切り離せないものだと思われている。教育や子どものことを語るときに「成長」という語を使用しないで語ることはむずかしい。確かに、成長を否定して教育が成り立つのか、「教育」と「成長」あるいは「発達」は、むしろ同義と言ってもよいほどのものなのではないか、との反論はある。しかし、この「成長」という考え方こそ、実に危険だと感じる。

成長しなくてはならないという思い込みが、これまで多くの人たちを不幸にしてきたのではないか。教育の成果は、それが点数であろうが他のことであろうが、以前より「成長」していることによって証明されることになっている。もし何の変化も起こらなければ、成果がなかったとされ、その教育方法等が間違っていたのではないかと反省を迫られる。経済「成長（発展）」も同様である。社会自体もつねに「成長」していることが求められている。

しかし、何をもって「成長」あるいは「発展」したとするのか、まったくあいまいであるにもかかわらず、そして、その時々の状況（権力行使しうる者の都合）によってどうにでも基準を変えることのできるものであるにもかかわらず、それを「客観的に」測ろうとするさまざまな方法・技術が工夫され、人々の生活のあり方や社会全体のあり方が評価されていく。

そもそも、他者を「成長させよう」とすること自体に傲慢さと権利侵害への危険性を感じる。それはいったい誰から見たときの、どんな基準による「成長」なのか。また、「成長」していないとの判断は、なぜ可能なのか。あるいは、成長が「遅れている」との判断がなされるときもある。これは「障害」という概念にまとわりついている。しかし、それがまったく的外れであることは、第3章の「障害」をめぐる議論を思い出せばすぐに気がつく。

つねに右肩上がりの変化をたどることが価値あることだとの発想から自由にならなければ、どんな施策を考えても、結局は、競争的環境の中での椅子取りゲームに子どもたちを強制参加させることになる。しかも、「成長」のためとはいえ、いくらでも公的資源を投入してよいわけではないのだから、費用対効果による能率も求められてくる。

「成長」という強迫観念から解放され、どの子も安心して権利行使できるような学びの環境がつくられていかなくてはならない。これはなかなかむずかしそうにみえて、実は比較的容易なのではないか。つまり、わたしたち自身が、他者を蹴落として少しでも階段を高く上り優位に立つことを目指さざるを得ない現状の不幸を根本的に解決したいと望めばよいのである。そして、そう望むことはむずかしくない。これまで椅子取りゲームに参加せざるを得ないとあきらめていたかもしれないが、そのゲームを支えていたことの多くは勘違いや思い込みだったことは、これまでの各章で確認してきたはずである。安心して、「楽な」方向に舵を切ってよいのである。

自分の生活を送っている(権利行使している)者に向かって、成長したとかしないとか、他者が評価を下していくこと自体、大変失礼な話である。

3. 努力しない学びを

しかし、とくに学校現場では、学ぶということにとって「成長」などといった概念は無縁だと突っぱねることはできないだろう。勇気がいることでもあるだろう。現実的には、教育は権利ではなく、むしろ厳しい義務（学習内容の習得義務）として受け止められていることを考えれば、子どもに何らかの積極的な変化が起こらない限り、「説明責任」が果たせないということになる。

このような「変化」には、子どもからの「努力」も必要とされる。この「努力」という考え方も、教育にはつきものである。したがって、「努力しない学びを目指して」などと言えば、向上心を否定する怠惰な価値の蔓延に手を貸すことだとして非難されるだろう。しかし、本書は、けっして努力や向上心など、道徳的な価値を否定しているのではない。そのことが、公的に問題にされることを警戒してきたのである。「努力」がいったん評価の指標に組み込まれてしまったら、どんなに努力しようが、努力が足りないと言われ続けることになる。いったん学力の向上・低下を問題の俎上にのせてしまったら、永遠に向上し続けるしかなくなる。「全国学力テスト」で全国の平均点を上回るように対策を考える都道府県もあるが、平均点はつねにそれを境に上と下とに分かれるのであり、すべての者が満点を取らない限り、平均点以下は必ず存在することになる。

シモーヌ・ド・ボーヴォワールに『人間について』（青柳瑞穂訳、新潮文庫）という作品がある（原題は、Pyrrhus et Cinéas）。その中で、「ぼくはAなんて言わないよ」と言い張る小学生の例が出てくる。これはとても示唆深く、今日の学校が子どもたちをどのように追い込んでいくかがよく理解できる。この子は、なぜ「A」と言わないのか。それは、一度言ってしまったら、次には「B」と言わなくてはならず、その次にはアルファベット全体へ、音節へ、単語へ、書物へ、試験へ、職業へと次々に新しい課題があらわれて終わりがないからである。この道に投げ込まれてしまったら、努力し続けるしかない。「A」と言うことは、この道に入り込む第一歩なのである。だから、絶対に言わない、その道には入っていかない、と。

子どもたちに「A」と言うことをためらわせる教育とは、いったい何であろうか。学びに義務など課されていないのだから、安心して自由に学んだり、学ばなかったりすればよいだけである。しかし、実際にはそのように意識されてはいない。ある学び方をして、期待されている一定の成果をあげた者だけに安定的な生存が保障される社会(実際には、そう信じ込まされている、あるいは自ら信じようとしているだけであって、何ら確かな保証はないのだが)である限り、「A」と言わざるを得ない。このような社会は、人権侵害の社会であり、差別社会であると自信をもって言えなくてはならない。

第2章で「基礎的な知識」という発想の危険性を述べたとき、文字を知る者が、そのことの権力性を自覚することなく、知識の「不足している者」に対して抑圧的になることを確認した。それが能力による差別を生み出すこと、そして学校がその差別構造の維持・強化に積極的な役割を果たしていくことを警戒した。

それでも、わたしたちは、努力への強迫観念から逃れられない。少しでも休むと怠けていると言われてしまう。また、そう評価されることを極度に恐れている。「A」と言わない勇気はなかなか湧いてこない。現実的には、教科書に書かれているさまざまな知識を多くの人はいずれ忘れてしまうのだが、学校にいる間は、ピリピリした精神状況にならざるを得ない。

4. 生活がみえる学びを

教科書にはたくさんの「知識」が詰め込まれている。しかし、その「知識」だけが先にあったのではない。さまざまな生活の体験や試行錯誤の中からある法則が発見され、また、さまざまな概念が整理され、一定の普遍性を得て、今日わたしたちが教科書のなかに見出すような「知識」の形に整序されてきた。

この点の理解は、簡単なようで意外にむずかしい。学校では、教科書によってあらかじめ系統立てて学ぶ内容が提示され、それを順次習得していくというスタイルをとっているので、「知識」を自らの生活において検証するという作業がおろそかになりやすい。

教科書の中を思い出してほしい。太字で書かれている人名や用語、公式等が浮かんでくるだろう。わたしたちは、太字で書かれているから重要なことなのだと思ってしまう。だから、必死に記憶しようとする。しかし、太字だから重要なのではなく、重要だから太字にしているのである。では、なぜ「重要」なのか。誰にとって重要なのか。何のために重要だとされているのか。似たような概念なのに、なぜこっちの用語は太字になっていないのか、といった疑問が湧いてきていいはずなのである。そうでなければ、知識は生活と乖離したままになってしまう。

知識は、具体的な生活とのかかわりの中でさまざまに変容し、多様な意味をもってくる。「生活」の視点をもつことで、知識は相互につながってくる。しかし、教科書はそのような「具体性」をひとつひとつ考慮していくことはしない。どうしてもその記述は抽象的にならざるを得ない。だからこそ、宙に浮いている知識、教科書の中に閉じ込められた知識に生活の基盤を取り戻す必要がある。[1]

いまのままでは、せっかく多くの時間を学習に費やしながら、テストによる測定が終われば、もうその内容にかかわることはなく、忘れ去られてしまう。もとから現実社会の具体と結びついていないのだから、そして、知りたいと思って知ろうとしたものでもないのだから、その知識は身体の表面にかろうじて張り付いているだけのものに過ぎず、すぐに剝がれ落ちてしまう。

5. つくり変えていく学びを

学校教育は、つねに「物語」を生み出し続けてきた。しかし、それは多様な物語ではなく、皆が信じそれに従う指標のような意味での物語である。したがって、それは人々から「別の道」があることを忘れさせ、あるいはそれを奪うものでもあった。もちろん、そのことが自覚されないように学校はいろいろな方法を駆使してきた。「公教育は、どの時代にあっても、その時代の支配的な価値や文化（すなわちイデオロギー）の注入メディアとしての役割を過不足なくはたしてきた」のである[2]（八木晃介『〈差別と人間を考える〉解放教育論入門』批評社、1993年、7頁）。

しかし、「物語」に乗る準備としてではなく、自らの生活が見えるような学びにおいては、自らの置かれている状況を分析的に自覚し、その状況を変えうる存在として自己を意識できるはずである。それぞれの生活の中で抱えている問題を抑圧状況としてとらえ直し、自由に自らの生き方を問い、文化を創造していく過程として学びをイメージしたい。

1 海老原治善は、教科学習と総合学習（「総合的な学習の時間」のことではない）との関係を論じる際に「深い次元において、実生活上の課題と教科の内容が内的関連をもつように編成されることが重要である」と述べ、総合学習の課題設定は「あくまでも子どもの生活と生活意識から出発し、子どもがえらびとってゆくようにする」ものであることを指摘している。（『現代日本教育史・教育論集』エムティ出版、1991年、300〜301頁）

2 このような状況は、フレイレが『被抑圧者の教育学』で述べていたように、みんなが抑圧されているという状況に埋没しているために、自らを被抑圧者として自覚できず、結果として抑圧する側の論理に人々を組み込んでいってしまう。

これは、いま自らが生きているこの社会を自らがつくり変えていけることに気づく学びということになるだろう。このような学びが人権として認識され、権利として要求されなくてはならない。いまの学校制度が前提としているさまざまな価値によって、わたしたちはいかに支配・抑圧されてきたのか、勇気をもって振り返らなくてはならない。新たな学びのイメージは、この勇気を生み出し、社会も自らもつくり変えていくものとなる。

6. 多様性が前提の学びを

ＳＤＧｓ（Sustainable Development Goals 持続可能な開発目標）が話題となっている。これは、２０１５年に国連でのサミットで決定されたもので、２０３０年までに国際社会が共通して達成すべき17の目標のことである。気候変動への対策がよく報じられているが、その他にも、貧困や飢餓をなくすこと、人々の健康維持なども掲げられている。その中で教育に関しては「質の高い教育をすべての人に」という目標が掲げられている。しかし、これはかなり簡略化した翻訳であり、原文には次のように書いてある。

ensure inclusive and equitable quality education and promote lifelong learning opportunities for all

ポイントは、インクルーシブ（inclusive）という用語が使用されていることである（インクルーシブという単語は、17の目標のうち5つに使用されている）。この発想については第3章「障害」において詳しくみたので繰り返さないが、ここで教育のクオリティ（quality）の内容としてインクルーシブであることが大切な要素とされている点は強調しておきたい。ここでは排除の構造が強く否定されているのである。つまり、さまざまな領域で多様であることを前提とした施策が求められているということである。現状の学校環境を考えると、「質の高い教育」というと、よりよく知識を習得できるような教育と勘違いされてしまうので、注意が必要である。

では、教育に関して、これまで「多様性」とは何を意味してきたか。第1章で「不登校」への対策として教育機会確保法を検討した際に確認したことを思い出しておきたい。この法律は、子どもたちの多様性には「多様な場所」を用意することで対応しようとしていた。この発想は、何らかの基準で子どもたちを分けていくことを意味する。つまり、インクルーシブな環境にはしないということである。離れたところから制度を眺めれば、いろいろな学校・学級があり多様に存在しているのだが、子どもたちの視点に立てば、つねに自分と似たような者たち（より正確には、学校側から見て似ているとみなされ分類された者たち）の中で過ごすことになる。これは、きわめて同質性の高い（モノカルチャーな）世界である。これは、学びの環境としては最悪である。きわめて不自然な環境であり、そこでは「生活」は成り立たない。ただでさえ学校は、年齢が同じだというだけで一カ所に集められ、学ぶ内容を統一された上で、かなり長い時間を過ごさねばならない不自然な場所なのだから、くどいくらい「多様性」を意識的につくろうとしなければ、すぐに「同じであること」の価値が前面に出てしまう。

7. 自分で決める学びを

生活は自分の意志決定を中核にして成り立つものであるはずなのだから（これがなければ「自立」しているとは言わない）、その多様性はその意志に支えられていなければならない。そして、「学び」が「生活する」ということを支えとして成り立っているものだとすれば、当然、そのあり方は多様になっていく。このことは、わたしの学校経験に基づいている。

それは、わたしが小学校6年生のときのことである。その日の算数の授業内容は、一定の速度で走っている電車同士がすれ違う時間を計算する、というものであった。当時のわたしは、「これはやらなくていいな」と判断した。今も今後もすれ違う時間に自分が興味をもつことはないだろうし、もし知りたいときがくれば実際に測ればよいのだから、と明確に意識していた。したがって、当時も今もまったくその計算はできない。そもそも考えようとしたことがない。

このようなことは高校までの間で、さまざまな教科で起こった。高校のときは、「英語」自体を自分の中のリストからほぼ外していた。授業自体は楽しく聞いていた。もちろん、テストでは一桁の点数であったとしても。英語が嫌いだったわけではない。

意識的に自分のリストから外した内容は相当ある。けれども、まったく困ったことはない。必要があれば、そのときに、その必要な内容と程度に応じて調べればよいし、現在は、そのためのツールに事欠かない。あるいは、知っている人に訊いてみればよい。わたしが興味をいだ

かなかったものに興味をもった人はたくさんいる。その逆も。

知識は生活との結びつきがなければまったく意味をもたないのだから、なかなか「事前に」学んでおくことはむずかしい。しかも、その「生活」は子どもたちそれぞれにすべて異なっている。教員は、その子にとって必要な知識が「この知識」であると断言はできない。だからこそ、いろいろな内容をたくさん提示していく必要もある。[3] 提供する側がそれらの中から一定の知識を「厳選」することなどできない。リストから外すのは子どもたちの作業である。

子どもにとってこれはむずかしい作業なのではないかと思われるかもしれないが、けっしてそのようなことはない。これまで、リストから外していいと言われたことがないので、そのようなことを考えなかっただけである。

授業の内容に関してばかりではなく、学校行事への参加も、子どもたちは、その意志を確認されたことがない。つまり、運動会に参加したいかどうかと聞かれることはない。そもそも実際に強制参加させられる子ども自身がそのことをどう思っているかをまったく気にかけてこなかった学校のあり方について、教員自身が違和感をもってほしい。

授業内容もこれと事情は同じである。子どもを学校の中心に据えた実践を、あるいは、子ども自身が学校をつくる、などというスローガンを聞くことがある。それ自体が悪いわけではないが、学習や行事の内容がすでに決められている状況では、あまり意義を感じない。

しかし、学校とはそういうもので、子ども自身が内容を決めると言っても、せいぜい高等学校での選択科目で多少そのような方向が示せればよい、といった程度で考えられているだろう。

3 現状では、提供されるものはすべて習得しなければならないと思われているので、その量を多くすることは危険だとみなされる。しかし、習得しようとするかどうかは学ぶ側の意志によるということを前提とできるなら、むしろ、提示される内容が「厳選」されてしまうことは権利侵害になる。

先のわたしの算数での体験も、学ぶ内容の選択権として課題化することは可能である。このこと自体、もし実践されれば、大きな学校改革に結びついていくだろう。そして、いくつかの革新的な教育方法等（モンテッソーリやフレネの議論など）の実践とのつながりを意識していければ、学校のあり方を変えていく大きな議論が形成できるだろう。

ただし、本書でずっと考えてきたことの結論は、これではない。もし、このような選択権という話なのだとすれば、それは、何を学ぶかの選択の自由を得ただけであって、子どもたちは、相変わらず学ばざるを得ない状況にいることになる。学びから解放されないままである。

8. 安心できる学びを

現実問題として、学校で学んでいる子どもたちは、つねに不安な状況にさらされている。たとえば、小学校5年生の6月のある日の授業で、立方体の体積の求め方を理解できなかったとしたら、もうその機会は失われ、取り返しがつかなくなる、と不安に襲われたことはないだろうか。結局、多くの人はこの不安を解消するために、参考書を買い、学習塾に行くことを選ぶ。教員からは、小中学校での知識内容は「基礎的」だと言われているのだから、なおさらである。せっかく学校に行っているのに、なぜ、わざわざ別の手段で学習せざるを得ないのか。いま自らの学校経験を振り返ってみても、恐怖がよみがえってくる。小数点どうしの掛け算が理解できたのは、小学校の卒業式の前日だった。五十音表のナ行以降、掛け算九九も7の段以降はかなりあやしい。本当にぎりぎりのところですり抜けてきたのだと思う。そして、ついに小学校

6年生の時に、先に述べたように、ある項目（単元）については、自覚的に「やらない」と決めることになった。その決意が、今日までずっと続いている。

せっかく学ぶ機会を得ているのに、なぜここまで恐怖にかられなければならないのか。もちろん、現実対応としては、「いつでも質問に来ていいよ」と本気で教員が言ってくれれば、多少はその恐怖も和らぐかもしれない。しかし、真の問題はそこでないことは明らかである。結局、与えられたものを習得していかなければ大きな不利益を被る（と考えられている）からである。

安心して学べる環境を本書では一貫して考えてきた。それは、安心して生活できる、生きていける環境を考えたいということと同じである。先に「自由な学び」とは、学習内容の選択権の保障のことではないと述べた。第4章で「道徳」の教科化、第5章で「校則」の問題点を確認していく中で、「内容」ではなく「形式」のもつ重要性をみてきた。「学び」を考えようとすると、どうしても「何を」学ぶのか、その内容を問題にしやすい。この場合、学ぶことは大前提とされている。問題は、そのような学びのあり方から解放されることである。

これは「学ばなくてもよい」ということとイコールではない。現象としてはそのように見えることもあるかもしれないが。人々は、生きている限り何らかの行為をしている。その行為のある部分から類推して、「学んでいる」「学んでいない」といったまなざしが向けられることを徹底して退けたいのである。もちろん、ある子ども（子どもに限ったことではないが）に対して、「あの子は学んでいる・いない」と個人として思うことは勝手である。しかし、権力行使しうる者が、その権力関係の中でそのようなまなざしを子どもに向け、一定の評価をし、その結果を公的に記録に残すということは避けなくてはならない。

9. 解放された学びを

もしそうでないなら、どんな学びをしているか、すなわち、どんな生活をしているかということがつねに学校（公権力）の管制下に置かれることになる。一定の方向へ進むよう指示を受け、その成功や失敗が評価、分析される。その結果、大きな変更を迫られることもある。つまり、生き方（生活）を変えるように迫られる。学校で「成功」することは、文化を剝奪されることである。しかし、その「成功」に基づいてある種の報酬（就職など）が与えられるので、生活が一定の方向に導かれたことには気づかない。あるいは、気づいても、その変更はよいことであったとして、変更を求めた者に感謝さえする。わたしたちは、みごとに権利放棄させられていたのである。

学校という制度が権利保障として機能しうるとすれば、少なくとも、子どもたちに何かを「身につけさせる」という発想から解放される必要がある。その上で制度たりうるとすれば、どういうことになるのか。学校制度の中で、「求められたものを学ぶ」ということ以外の学びの姿をどうイメージするか。

この問い自体がある種の矛盾をはらんでいることは確かである。本書の根底には、教育の「制度化」が、かえって学びの権利を奪っているのではないかという視点がある。この視点自体は、イリイチの議論（脱学校論など）をはじめ、これまでもずいぶん論じられてきたものである。「かえって…奪っている」という表現は正確ではなく、本当は、「制度化ゆえに権利が奪われている」のである。しかし、一度制度化されたものは容易には崩れない。そうであるならば、学校（教育という発想そのものも含めて）の外側と内側から、それが依拠している価値にゆさぶりをかけていく視点を確かなものにしていきたい。

以上、9点にわたって、これまで述べてきたことを整理してみた。とくに将来、学校の教員になろうとしている人たちには、いろいろな教育改革論議や諸政策で使われているものとは異なる用語で教育を語ることを求めたい。制度の中でやらざるを得ないことに対応するためのマニュアルは本書にはないが、むしろ、学校の中ですぐに実行してほしいことばかりを書いたつもりである。教育公務員として求められることを実行しながら、果たしてそれが可能かどうかと疑われるかもしれない。

しかし、それは簡単なことだと感じている。つまり、子どもとともにある教員が、どのような価値を大切にしているかは、直接的な言葉になっていなくとも、確実に子どもたちに伝わるからである。本当に、それぞれの子どもたちの生活の様子、生き方に向き合おうとすれば、不登校をその子の心の問題としてとらえたり、成績向上に躍起になったり、障害があるから別教室に行かせたり、道徳教育でいじめをなくそうとしたり、校則で厳しく指導したり、といったことにはならないはずである。たぶん、そのようなことは思いつかない。自然と、これまでとは異なる学びをイメージすることになる。仮に表面的には規定通りのことをしていたとしても、その教員が本当は何を大切に考えているのか、そのことは、ほんの小さな表情の変化やつぶやき、あいづちなどを通して、確実に子どもたちに伝わる。原則論さえ自分の中に定着していれば、おのずと実践のあり方は変化してくる、と楽観している。原則と現実の2本のレールを走らせながら、現状のしくみを変えていく「小さなスイッチ」を押しつづけていく必要がある。

おわりに

ジョージ・オーウェル（1903〜1950年）のナショナリズムに関する「覚え書き」には、次のような記述がある。

「ナショナリズム」ということばで私が言わんとしていることは、第一に、人間を昆虫のように分類することが可能で、何百万あるいは何千万という人間の集団全体に確信をもって「善良」とか「邪悪」だとラベル付けできると考えるような姿勢である。しかし、第二に言いたいのは―実は、こちらの方がずっと大事なのだが―、自分をひとつの国家や何らかの組織に一体化し、それを善悪の判断を超えた場所に措定して、その利益を増やしていくことのみが自分の務めであると認識するような姿勢のことである。ナショナリズムを母国愛と混同してはならない。（中略）私が言う「母国愛」が意味するのは、ある特定の場所や生活様式への愛着ではあるが、その場所や生活様式を世界で最良だと思いはしてもその愛着を人に押し付けようとはしない態度のことだ。（中略）全てのナショナリストの変わらぬ目標は、自分ではなく、個人としての人格を埋没させせんと自ら決めた国家なりなんなりの集団に、より大きな権力や威信を付与することなのだ。

（秋元孝文訳『あなたと原爆』光文社古典新訳文庫、2019年、151〜152頁）

この文は、わたしがいつも感じている恐怖を端的に表現してくれている。このような状況（ナショナリズム）にわたしたちが進んでいかないようにしなければならないと思ってきた。しかし、現実は、この道に無自覚的に進み始めている、という危機感をもっている。むしろ「無自覚的に」ではなく、「自覚的に」自ら進んでそこに入っていっている（自発的隷従）という感触もある。本書がこのような危機感に駆られて書かれていることは、読み取っていただけると思う。

1970年代から、自分が抱くこのような不安は杞憂に終わればいいなと思ってきたし、あまり心配することもないかもしれないとも思ってきた。実際、当時は、わたしたちが何かを考えようとするときの枠組み自体の問題性（そこに含まれる権力性）を指摘するたくさんの論考があり、学校が社会的に人々を苦しめる方向で機能してしまっていることを指摘してくれる議論もあったのだから。参考文献リストの中にいくつか意識的に70〜80年代の著書を挙げてみたのも、それを確認したかったからである。

しかし、それからずいぶんと時が経ち、杞憂ではないことが明らかになってしまった。オーウェルには、『動物農場』や『一九八四年』という作品があるが、まさかそこで描かれていたような全体主義的な社会、個人の尊厳を徹底的に抑圧していく社会が本当に実現するとは思っていなかった。認識が甘かった。しかも、この危機感が共有されないことに、さらなる危機感をもった。

ある一定の価値が信じられ疑われない。そして、世の中は、それを正当なものだと人々に思わせる言説にあふれている。そうではない別の世界が広がっていることにも気づいているはずなのだが、なかなかそのほうに向かって踏み出せない。そういうもやもやした状態がずっと続いているのではないかと思う。

しかし、これまでおかしなことはたくさん起こっていたはずである。たとえば、学校で成績がいいと、入試難易度の高い高校や大学に行かなくてはならないと思っている、など。医者になりたいと思っていなくても、医学部に合格しようとがんばっている人がいることを知ったときの衝撃。入試難易度が大学志望動機になるという事態。そのことでその後の生活保障が確実かといえば、もはやそのような経済状況ではないのに。また、難易度の高い学校に入ったことで隣近所から「すごいですね〜」と言われるのは、長く見積もってもせいぜいゴールデンウィークまでなのに。他人がどの学校に行こうが自分にはまったく関係がないのだから、儀礼的にはありうる話題でも、本気で学歴（学校歴）に一喜一憂している人などいないのだと思っていた。ただ、そのようなふりをしていれば、とりあえず無難に過ごせる時候のあいさつ程度のものだと思っていた。なぜなら、子どものころから、「成績などで人を判断してはいけない」とか「人生には学校で勉強することよりももっと大切なものがある」といった語りを、さまざまな場所でずいぶんと聞いてきたし、いろいろな本の中にも書いてあったのだから。それらを真に受けすぎていたのだろうか。

わたし自身は、学ぶということには強い関心があったけれども、学校自体には関心がなかった。というよりも、情報があまりに欠如していた。高校も大学も、入学はしたものの卒業できるかどうかわからないと思っていた。仮に卒業できなくとも、それをとくに気にはしていなかった。いまは、ブルデューの用語を使うなら「文化資本」がかなり乏しい環境で過ごしてきたことで救われたと思っている。変な価値観に巻き込まれずに済んだ。確かに、家にいたのではまったく知ることのないことも、学校に行くと知ることができた。それはありがたいことなのだが、学ぶのはこちらの作業なのに、どうやら子どもには「積極的に受け身」であることが求められているようなのである。「どうぞ教えてください」と目をキラキラさせて、ただ座り続けている光景。これには、耐えられなかった。

大学生のころ、アンドレ・ブルトン（1896〜1966年）の次の言葉に出会った。本書で「分類」するということにこだわってきたのも、ここに根源がある。オーウェルの「ナショナリズム」論でも「分類」の問題がふれられていた。

未知のものを既知のものに、分類可能のものにひきもどそうとする始末におえない狂癖が、頭脳をたぶらかしているのだ。分析欲が感情にうちかっているのだ。

（巖谷國士訳『シュルレアリスム宣言・溶ける魚』岩波文庫、1992年、17頁）

（森本和夫訳『シュールレアリスム宣言集』現代思潮社、1975年、16頁）

そして同じころ、アンドレ・ジイド（1869〜1951年）の次の言葉にも出会い、いままで学校教育で大事だと思い込まされてきたことから解放された。が、その代わりにとても厳しいものが自らに突きつけられていることもわかった。

重要なものは君のまなざしの中にあるのであって、君が見ているものの中にあるのではない。君が身につけた知識はすべて何十世紀も後まで君とは別個に存在しうるものなのに、なぜ、そんなものに多くの価値を与えるのか。

（堀口大學訳『地上の糧』角川文庫、1970年、10頁）
（ここでの訳文はわたしが原文から訳し直したもの）

つまり、学習の対象としての知識そのものに価値があるのではなく、その知識を「あなた自身」がどのように位置づけているのか、そこにどんなまなざしを向け、どんな価値や課題を見出そうとしているのかが大切なのだ、ということである。

しかし、実際には、多くの教員は、第2章で引用したフレイレの指摘のように、知識内容そのものを子どもという「容れ物」に満たそうと必死になっている。また、そうせざるを得ない状況に追い込まれている。

先に引用したブルトンの文章はその後、そのような分析欲が長々とした説明文をもたらすのだと続き、その異様さなどが指摘されていく。この本も16万字以上を費やしてここまでいろいろと述べてきた。しかし、確認したかったことは単純なことである。これまで信じてきたこととはまったく別の世界もごくふつうに存在しているということ、学校教育によってわたしたちはそれを見ないように呪いにかけられてきたのではないかということである。びくびくすることなく、安心して自由に学べれば（＝生活できれば）よい。そのためには、少なくとも、何を学んできたのかということと生存権とが絶対にリンクしない社会にしていかないといけない。

しかし、わたしたちのまわりには、不安と抑圧の仕掛けが張りめぐらされている。ここからなんとか這い出すためには、一般的に信じられている物語とは異なる世界をわかりやすく思い描いていく必要があると思う。そうしないと、あっという間に現状肯定になっていってしまう。それくらい、いまが極端にファシズム的になっているということなのであり、逆方向に振り切れるくらいのことを考えて、ようやく解放への道が見えてくるかもしれないのである。

歴史が証明しているように、ファシズムは何人かの政治家のせいばかりではなく、それを支える一般市民がいてこそ成り立ってきた。ここにとても危機を感じている。さまざまな教育改革（案）も、そこで示される価値や内容を受け入れる態勢がすでに整っているときにしか実現しない。だとすれば、わたしたちの教育をとらえる認識を変えていくしかない。そのための突破口のひとつとして、あらためて学校（の教員）があると思う。なぜなら、不安と抑圧の仕掛けの具体である「評価」と「指導」こそ、学校の中核に位置づいているものだからである。ここが解放されない限り、相変わらず、おかしいと思いながらも、そして、ストレス満載の苦しい道だとわかっていても、これまで通り「無難な」道に進んでいくしかない。しかし、第1章で教育機会確保法を確認したときにわかったように、安心して学べる方向で学校が変わることは、いまのところまったく期待できない。むしろ、より抑圧的な方向に変わっていっている。

そして人々は、抑圧者のまなざしを共有するよう迫られる。「共に生きる」という理念も、「全体」のまとまり（調和や妥協）を前提とした閉鎖状態に変質していく危険がある。異を唱えることが共生の条件である、という見方が必要になっていると感じる。

ところで、本書の記述の中には、文学作品からの示唆もいくつか組み込んである。大学での教育学系の科目でテキストとして使用するのであれば、通常なら、「教育学」というひとつの枠の中での禁欲的な議論をしなければいけないのだろうと思う。しかし、そのような議論が、実はいろいろなところで形を変えて指摘されているということを示すひとつの例になればと思い、やや強引と思われるところもあったかもしれないが、小説等からヒントを得ようとしてみた。

とくに本書が基盤としている社会観等は、ウィリアム・モリス（1834〜1896）の『ユートピアだより』（川端康雄訳、岩波文庫、2013年）で示されているまったく別の価値に支えられた社会像と通じている。たとえば、モリスは学校を「少年飼育場」（59頁）と呼び、「因襲的な課程を受けさせられる（中略）そんなひき臼に入れられたらだれでも無傷では出られません」（122頁）と表現している。このようにわかりやすく示された学校（教育）観は、本書からも容易に読み取れるはずである。

本書は5年前に企画されたものの、その後、わたしの怠惰や迷いによって、こんなに発行が遅れてしまった。せっかく出版を引き受けていただいた新泉社および編集を担当していただいた内田朋恵さんには、大変なご心配とご迷惑をおかけしてしまった。どうかご寛恕いただきたい。

大学の教員になって30年が過ぎ、これまで全国各地で学校の先生たちと話をし、また、たく

さんの学生とも話をしてきたことを思い出す。本書の内容は、これらの人たちの悩みから自然

に浮かび上がってきたものだと感じている。

2021年3月

池田賢市

〈参考文献〉

単行本として刊行されているものに限った。また、1970〜90年代に刊行されたものを多く取りあげている。紙幅の関係で限定的な列挙になるので、著者名やテーマなどを手掛かりに検索し、文献の幅を広げていくことをお願いしたい。なお、翻訳文献に関しては原著の出版年を〈　〉で示し、原題は省略した。

東幸一郎（1976）『家永教科書裁判傍聴の記録』草土文化

アップル、マイケル・W（1986）『学校幻想とカリキュラム』門倉正美、宮崎充保、植村高久訳、日本エディタースクール出版部〈1979〉

阿部謹也（1995）『「世間」とは何か』講談社現代新書

安部公房（1969）『壁』新潮文庫

安部公房（1975）『内なる辺境』中公文庫

荒井裕樹（2020）『障害者差別を問いなおす』ちくま新書

イェーリング、ルードルフ・フォン（1982）『権利のための闘争』村上淳一訳、岩波文庫〈1894〉

家永教科書訴訟弁護団編（1998）『家永教科書裁判―三二年にわたる弁護団活動の総括』日本評論社

家永三郎（1965）『教科書検定―教育をゆがめる教育行政』日本評論社

家永三郎（1974）『検定不合格日本史』三一書房

池田賢市（2001）『フランスの移民と学校教育』明石書店

池田賢市、市野川容孝、伊藤書佳、菊地栄治、工藤律子、松嶋健（2020）『能力2040―AI時代に人間する』太田出版

池原毅和（2020）『日本の障害差別禁止法制―条約から条例まで』信山社

石埼学、遠藤比呂通編（2012）『沈黙する人権』法律文化社

市川昭午（2020）『エリートの育成と教養教育―旧制高校への挽歌』東信堂

犬山市教育委員会編（2007）『全国学力テスト、参加しません。―犬山市教育委員会の選択』明石書店
猪木武徳（1996）『学校と工場―日本の人的資源』読売新聞社
今井順（2021）『雇用関係と社会的不平等―産業的シティズンシップ形成・展開としての構造変動』有斐閣
今村仁司（1985）『排除の構造―力の一般経済序説』青土社
今村仁司（1989）『精神の政治学―作る精神とは何か』福武書店
今村仁司（1998）『近代の労働観』岩波新書
イリイチ、イバン（1991）『生きる思想』桜井直文監訳、藤原書店〈1977～89〉
イリッチ、イヴァン（1977）『脱学校の社会』東洋、小澤周三訳、東京創元社〈1970〉
ウィリス、ポール（1996）『ハマータウンの野郎ども―学校への反抗・労働への順応』熊沢誠、山田潤訳、ちくま学芸文庫〈1977〉
内田良子（2020）『「不登校」「ひきこもり」の子どもが一歩を踏みだすとき』ジャパンマシニスト社
エヴェレット、ダニエル・L（2012）『ピダハン―「言語本能」を超える文化と世界観』屋代通子訳、みすず書房〈2008〉
海老原治善著作集（1991・94）『現代日本教育史選書』全8巻、エムティ出版
海老原宏美（2019）『わたしが障害者じゃなくなる日』旬報社
エンデ、ミヒャエル（1976）『モモ』大島かおり訳、岩波書店〈1973〉
オウエン、ロバアト（1954）『新社会観』楊井克巳訳、岩波文庫〈1813〉
オーウェル、ジョージ（2019）『あなたと原爆―オーウェル評論集』秋元孝文訳、光文社古典新訳文庫〈1945〉
大田堯（1969）『学力とはなにか』国土社
大田堯（1990）『教育とは何か』岩波新書
大田堯、尾山宏、永原慶二編（2003）『家永三郎の残したもの 引き継ぐもの』日本評論社
大森直樹編（2010）『子どもたちとの七万三千日―教師の生き方と学校の風景』東京学芸大学出版会
大森直樹（2018）『道徳教育と愛国心―「道徳」の教科化にどう向き合うか』岩波書店
小川さやか（2016）『「その日暮らし」の人類学―もう一つの資本主義経済』光文社新書

奥武則（2004）『むかし〈都立高校〉があった』平凡社
小熊英二（2017）『誰が何を論じているのか―現代日本の思想と状況』新曜社
香川めい、児玉英靖、相澤真一（2014）『〈高卒当然社会〉の戦後史―誰でも高校に通える社会は維持できるのか』新曜社
勝田守一、中内敏夫（1964）『日本の学校』岩波新書
兼子仁（1971）『国民の教育権』岩波新書
鹿野政直（1999）『近代日本思想案内』岩波文庫
カラベル、ジェローム&ハルゼー、A・H（1980）『教育と社会変動―教育社会のパラダイム展開』（上・下）潮木守一、天野郁夫、藤田英典編訳、東京大学出版会〈1977〉
川内美彦（2021）『尊厳なきバリアフリー―「心・やさしさ・思いやり」に異議あり！』現代書館
菊地栄治（2012）『希望をつむぐ高校―生徒の現実と向き合う学校改革』岩波書店
北村小夜（2004）『能力主義と教育基本法「改正」―非才、無才、そして障害者の立場から考える』現代書館
工藤律子（2016）『ルポ 雇用なしで生きる―スペイン発「もうひとつの生き方」への挑戦』岩波書店
クルツ、クリスティ（2020）『学力工場の社会学―英国の新自由主義的教育改革による不平等の再生産』仲田康一監訳、濱元伸彦訳、明石書店〈2017〉
黒川みどり（2016）『創られた「人種」―部落差別と人種主義』有志舎
小泉零也（2020）『僕は登校拒否児である』いけふくろう書店
国際識字年推進中央実行委員会編（1991）『識字と人権―国際識字年と日本の課題』解放出版社
国民教育文化総合研究所編（2014）『分けないから普通学級のない学校―カナダBC州のインクルーシブ教育』アドバンテージサーバー
子どもの権利条約NGOレポート連絡会議編（2020）『子どもの権利条約から見た日本の課題―国連・子どもの権利委員会による第4回・第5回日本報告審査と総括所見』アドバンテージサーバー
斎藤修、古川純子編（2020）『分水嶺にたつ市場と社会―人間・市場・国家が織りなす社会の変容』文眞堂

斉藤利彦（2011）『試験と競争の学校史』講談社学術文庫
坂本秀夫（1990）『校則の話』三一新書
桜井哲夫（1984）『「近代」の意味―制度としての学校・工場』（NHKブックス）日本放送出版協会
佐藤博志、岡本智周（2014）『「ゆとり」批判はどうつくられたのか―世代論を解きほぐす』太郎次郎社エディタス
佐藤広美、藤森毅（2017）『教育勅語を読んだことのないあなたへ―なぜ何度も話題になるのか』新日本出版社
里見実（1994）『学校を非学校化する―新しい学びの構図』太郎次郎社
サルトル、ジャン＝ポール（2010）『嘔吐』（新訳）鈴木道彦訳、人文書院〈1938〉
サルトル、ジャン＝ポール（2009～2011）『自由への道』（全6巻）海老坂武、澤田直訳、岩波文庫〈1945～49〉
「知っていますか？部落問題一問一答」作成委員会編（1990）『知っていますか？部落問題一問一答』解放出版社
ジェルピ、エットーレ（1983）『生涯教育―抑圧と解放の弁証法』前平泰志訳、東京創元社〈1973～80〉
ジェルピ、エットーレ＆海老原治善編（1988）『生涯教育のアイデンティティ』エイデル研究所
ジイド、アンドレ（1970）『地上の糧』（改版）堀口大學訳、角川文庫〈1897〉
白井厚（1965）『オウエン』（世界思想家全書シリーズ）牧書店
シルバーマン、チャールズ・E（1973）『教室の危機―学校教育の全面的再検討』（上・下）山本正訳、サイマル出版会〈1970〉
高杉晋吾（1973）『現代日本の差別構造―「健全者」幻想の破産』三一書房
田川建三（2009）『批判的主体の形成』（増補改訂版）洋泉社
竹信三恵子（2017）『正社員消滅』朝日新書
竹端寛（2018）『「当たり前」をひっくり返す―バザーリア・ニィリエ・フレイレが奏でた「革命」』現代書館
橘木俊詔（2013）『学歴入門』河出書房新社
デュルケーム、エミール（1976）『教育と社会学』佐々木交賢訳、誠信書房〈1922〉
徳武敏夫（1991）『教科書裁判はいま―家永訴訟の四半世紀』あずみの書房
中内敏夫（1983）『学力とは何か』岩波新書

中島敦（２００８）『中島敦』（「文字禍」「悟浄出世」）（ちくま日本文学シリーズ０１２）筑摩書房（原著は１９４２年）
箱石充子（２０２０）『充子さんの雑記帳―永遠の18歳とそれを支えた４００人のボランティアの記録』星湖舎
バザーリア、フランコ（２０１７）『バザーリア講演録　自由こそ治療だ！―イタリア精神保健ことはじめ』大熊一夫、大内紀彦、鈴木鉄忠、梶原徹訳、岩波書店〈２０００〉
バザーリア、フランカ・オンガロ編（２０１９）『現実のユートピア―フランコ・バザーリア著作集』梶原徹訳、みすず書房〈２００５〉
波多野誼余夫、稲垣佳世子（１９８４）『知力と学力―学校で何を学ぶか』岩波新書
「日の丸・君が代」強制に反対する神奈川の会編（２００８）『戦争は教室から始まる―元軍国少女・北村小夜が語る』現代書館
フィルケンシュタイン、ジョアン（２００７）『ファッションの文化社会学』成実弘至訳、せりか書房〈１９９６〉
フーコー、ミシェル（１９７７）『監獄の誕生―監視と処罰』田村俶訳、新潮社〈１９７５〉
フーコー、ミシェル（２００８）『わたしは花火師です―フーコーは語る』中山元訳、ちくま学芸文庫〈１９７４～７８〉
福沢諭吉（１９３１）『文明論之概略』岩波文庫（原著は１８７５年初刊木版本）
藤川浩（１９７５）『疎外された学習』（反教育シリーズⅩⅤ）現代書館
藤田晃之（１９９７）『キャリア開発教育制度研究序説―戦後日本における中学校教育の分析』教育開発研究所
ブラウン、ウェンディ（２０１７）『いかにして民主主義は失われていくのか―新自由主義の見えざる攻撃』中井亜佐子訳、みすず書房〈２０１５〉
ブランショ、モーリス（２００２）『問われる知識人―ある省察の覚書』安原伸一朗訳、月曜社〈２０００〉
フランス、アナトール（１９７４）『エピクロスの園』大塚幸男訳、岩波文庫〈１８９５〉
フランス教育学会編（２０１８）『現代フランスの教育改革』明石書店
古川原（１９７８）『児童観人類学序説』亜紀書房
ブルデュー、ピエール＆パスロン、ジャン＝クロード（１９９１）『再生産―教育・社会・文化』宮島喬訳、藤原書店〈１９７０〉
ブルデュー、ピエール＆パスロン、ジャン＝クロード（１９９７）『遺産相続者たち―学生と文化』石井洋二郎監訳、藤原書店〈１９６４〉
ブルトン、アンドレ（１９９２）『シュルレアリスム宣言・溶ける魚』巖谷國士訳、岩波文庫〈１９２４〉

フレイレ、パウロ（2011）『被抑圧者の教育学』（新訳）三砂ちづる訳、亜紀書房（50周年記念版2018）〈1970〉
法学館憲法研究所編（2017）『日本国憲法の核心―改憲ではなく、憲法を活かすために』日本評論社
ボウルズ、サミュエル&ギンタス、ハーバート（1986〜87）『アメリカ資本主義と学校教育』（Ⅰ・Ⅱ）宇沢弘文訳、岩波現代選書〈1976〉
ボーヴォワール、シモーヌ・ド（1980）『人間について』（改版）青柳瑞穂訳、新潮文庫〈1944〉
ホルト、ジョン（1979）『教室のカルテ』渡部光、佐藤郡衛訳、新泉社〈1964〉
ボルノー、オットー・フリードリヒ（1966）『実存哲学と教育学』峰島旭雄訳、理想社〈1959〉
松嶋健（2014）『プシコ ナウティカ―イタリア精神医療の人類学』世界思想社
丸山真男（1976）『戦中と戦後の間』みすず書房
丸山眞男（2006）『現代政治の思想と行動』（新装版）未來社
見田宗介（2008）『まなざしの地獄―尽きなく生きることの社会学』河出書房新社
三谷太一郎（2017）『日本の近代とは何であったか―問題史的考察』岩波新書
宮澤弘道、池田賢市編（2018）『「特別の教科 道徳」ってなんだ？―子どもの内面に介入しない授業・評価の実践例』現代書館
宮田光雄（1969）『現代日本の民主主義―制度をつくる精神』岩波新書
宗像誠也（1954）『教育行政学序説』有斐閣
宗像誠也（1961）『教育と教育政策』岩波新書
宗像誠也、国分一太郎編（1962）『日本の教育―〝教育裁判〟をめぐる証言』岩波書店
村井実（1979）『アメリカ教育使節団報告書』（全訳解説）講談社学術文庫
村田栄一（1972）『無援の前線―教育へ逆射するもの』社会評論社
メイヨー、ピーター（2014）『グラムシとフレイレ―対抗ヘゲモニー文化の形成と成人教育』里見実訳、太郎次郎社エディタス〈1999〉
メンミ、アルベール（1971）『差別の構造―性 人種 身分 階級』白井成雄、菊地昌実訳、合同出版〈1968〉

メンミ、アルベール（1996）『人種差別』菊地昌実、白井成雄訳、法政大学出版局〈1982〉
文部省（1995）『民主主義—文部省著作教科書』径書房（原著は1948年発行）
モリス、ウィリアム（2013）『ユートピアだより』川端康雄訳、岩波文庫〈1891〉
八木晃介（1986）『解放教育を読み直す』明治図書出版
八木晃介（2005）『〈差別と人間〉を考える—解放教育論入門』（新装改訂版）批評社
八木晃介（2016）『生老病死と健康幻想—生命倫理と優生思想のアポリア』批評社
山住正己編（1991）『福沢諭吉教育論集』岩波文庫
山下恒男（1977）『反発達論—抑圧の人間学からの解放』現代書館
山下恒男（2005）『差別の心的世界』（増補新装版）現代書館
山下恒男（2012）『近代のまなざし—写真・指紋法・知能テストの発明』現代書館
山本哲士（2009）『新版 教育の政治 子どもの国家—学校に子どもを殺されないために』文化科学高等研究院出版局
優生手術に対する謝罪を求める会編（2003）『優生保護法が犯した罪—子どもをもつことを奪われた人々の証言』現代書館
吉田一子（1999）『なまえをかいた』自費出版
吉本隆明、梅原猛、中沢新一（1995）『日本人は思想したか』新潮社
ライマー、エヴァレット（1985）『学校は死んでいる』松居弘道訳、晶文社〈1971〉
ラッセル、バートランド（1954）『教育論』堀秀彦訳、角川文庫〈1926〉
ラ・ボエシ、エティエンヌ・ド（2013）『自発的隷従論』西谷修監修、山上浩嗣訳、ちくま学芸文庫〈1550頃〉
若一の絵本制作実行委員会：文、長野ヒデ子：絵（2008）『ひらがなにっき』解放出版社
鷲田清一（2005）『ちぐはぐな身体—ファッションって何？』ちくま文庫
鷲田清一（2012）『ひとはなぜ服を着るのか』ちくま文庫
渡部淳編（1973）『知能公害』（反教育シリーズXI）現代書館

タ行

ナ行

ハ行

ヤ行

ラ行

アルファベット

索引

ア行

カ行

サ行

プロフィール

池田賢市（いけだ・けんいち）

1962年東京都足立区生まれ。筑波大学大学院博士課程教育学研究科単位取得中退後、盛岡大学および中央学院大学での講師・助教授を経て、現在、中央大学（文学部教育学専攻）教授。博士（教育学）。大学では、教育制度学、教育行政学などを担当。専門は、フランスにおける移民の子どもへの教育政策および障害児教育制度改革の検討。1993～94年、フランスの国立教育研究所（INRP、在パリ）に籍を置き、学校訪問などをしながら移民の子どもへの教育保障のあり方について調査・研究。共生や人権をキータームとして研究を進めている。著書に、『フランスの移民と学校教育』（単著、明石書店）、『教育格差』（共編著、現代書館）、『法教育は何をめざすのか』（編著、アドバンテージサーバー）、『「特別の教科 道徳」ってなんだ？』（共著、現代書館）など。

学びの本質を解きほぐす

2021年4月14日　第1版第1刷発行
2023年7月23日　第1版第3刷発行

著　者　池田賢市
発　行　新泉社
東京都文京区湯島1-2-5 聖堂前ビル
TEL 03-5296-9620　FAX 03-5296-9621
印刷・製本　株式会社 太平印刷社

ISBN 978-4-7877-2104-4　C1037